Élisabeth Faure
Anita Walther

Objectif A1 !

Préparation au
DELF scolaire

Présentation

Le **DELF scolaire** te donne la possibilité d'acquérir un véritable diplôme français préparé à Paris, qui sera corrigé par des professeurs de langue maternelle. En somme, c'est un vrai examen « à la française » organisé dans ton école !

La certification, qu'est-ce que c'est ?

C'est un examen qui **certifie** (donc évalue, atteste) **les compétences** dans un domaine déterminé ; ici, les langues étrangères.

Ces compétences sont évaluées selon des **critères identiques dans le monde entier**, qui sont inspirés du **Cadre Européen Commun de Référence pour les langues (CECR)**. Ce Cadre fonctionne comme une sorte de « grille » qui permet de définir et de classer les différents niveaux de connaissance de la langue, du plus simple au plus approfondi.

À quoi sert la certification ?

Depuis quelques années, la **connaissance des langues étrangères est devenue fondamentale**. Si les langues te permettent aujourd'hui de voyager, de te faire des amis, de « chatter » sur le web, elles te seront utiles, demain, pour faire des études et entrer dans le monde du travail.

La certification en langue te permet...

Dès maintenant... de **gagner des crédits** utiles dans ton établissement scolaire et reconnus dans les universités, dans ton pays ou à l'étranger.

À l'avenir... de compléter ton futur *curriculum vitæ* avec un **diplôme d'État étranger**, reconnu au niveau international.

Le DELF, qu'est-ce que c'est ?

Le DELF est un diplôme international

Le *DELF (Diplôme d'Études en Langue Française)* est un **diplôme** délivré par le **Ministère de l'Éducation nationale français**. Les épreuves du DELF sont organisées dans plus de **150 pays dans le monde** et sont destinées aux jeunes (élèves et étudiants) mais aussi à des professionnels, à tous ceux qui aiment la langue et la culture françaises, quel que soit leur âge.

Le DELF pour les adolescents

Né en 2000, le **DELF scolaire** est un examen **spécialement destiné aux élèves des collèges et lycées**. En 2005, il a été légèrement modifié pour mieux respecter le CECR. C'est pour cela que le **DELF scolaire** est divisé en quatre niveaux, chacun attestant un niveau du CECR.

Nouveauté

Les deux premiers niveaux sont plus spécialement destinés **aux élèves des collèges**.

- Le **DELF scolaire A1** correspond à *des connaissances élémentaires* (niveau A1 du CECR).
- Le **DELF scolaire A2** correspond à *des connaissances de base* (niveau A2 du CECR).

Les deux niveaux supérieurs sont conçus **pour les élèves de lycée**.

- Le **DELF scolaire B1** correspond à une solide connaissance de la langue (niveau B1 du CECR).
- Le **DELF scolaire B2** correspond à une réelle maîtrise de la langue (niveau B2 du CECR).

Le DELF en cinq règles de base

Nouveauté

- **Pas de littérature, d'histoire ou de géographie !** On ne te demandera aucune connaissance spécifique sur la France ; pour le DELF, il n'y a pas de programme ! Il s'agit seulement de **prouver que tu sais communiquer** en français.

- Le DELF scolaire évalue tous tes savoir-faire : chaque examen comporte donc **des épreuves orales ET des épreuves écrites**.

- Les épreuves s'organisent en fonction des compétences que tu dois posséder : **COMPRENDRE quand tu lis** un texte et **écoutes** un enregistrement, **T'EXPRIMER en écrivant** et **en parlant** en français.

- Chaque examen est **noté sur 100** (25 pour chaque épreuve).
  Pour obtenir la **note finale**, on calculera **la moyenne de tes résultats à l'oral et à l'écrit**. Mais attention ! Tu dois obtenir obligatoirement **au moins 5/25 à chaque épreuve**.
  Pour réussir l'examen, il te faut obtenir au minimum **50/100**.

- **Chaque examen est indépendant** des autres et donne droit à un **véritable diplôme** : si tu veux travailler de manière progressive, tu peux t'inscrire à tous les examens, du plus simple au plus difficile. Mais **tu peux aussi choisir de passer un seul examen**, en sélectionnant celui qui correspond à tes compétences.

Mode d'emploi

Objectif DELF A1 est un **manuel spécifique** destiné aux adolescents qui, comme toi, veulent s'inscrire à la **certification en langue française** (**DELF scolaire A1**).

C'est une **véritable méthode** pour bien te préparer à **toutes les épreuves** : elle te permet d'acquérir, grâce à une progression rigoureuse où la difficulté est graduelle, les **savoir-faire spécifiques** requis pour chaque **compétence**.

Le matériel utilisé dans le manuel s'inspire strictement des épreuves proposées par la Commission Nationale du DELF. Toutes les difficultés sont expliquées de manière simple et claire et tu pourras également, au fil des pages, faire des révisions de manière systématique.

Pour expliquer chaque épreuve :
- **une introduction** pour bien comprendre l'épreuve.
- **2 unités** qui comprennent :
  – **des explications** pour illustrer tous les savoir-faire ;
  – **des activités** pour acquérir les compétences ;
  – **des exercices** pour t'entraîner.
- **un bilan** pour t'auto-évaluer.

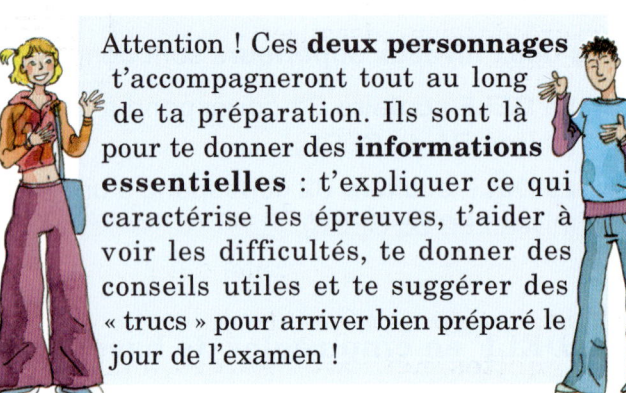

Attention ! Ces **deux personnages** t'accompagneront tout au long de ta préparation. Ils sont là pour te donner des **informations essentielles** : t'expliquer ce qui caractérise les épreuves, t'aider à voir les difficultés, te donner des conseils utiles et te suggérer des « trucs » pour arriver bien préparé le jour de l'examen !

Des outils pour comprendre...

L'introduction
Elle permet de **présenter l'épreuve** de manière claire (typologie, durée, contenus).

Elle propose aussi des **conseils pratiques** pour arriver bien préparé à cet examen « à la française ».

Bilan
Avec la **fiche d'auto-évaluation**, tu pourras tester toi-même tes connaissances et savoir si tu es vraiment prêt pour l'examen.

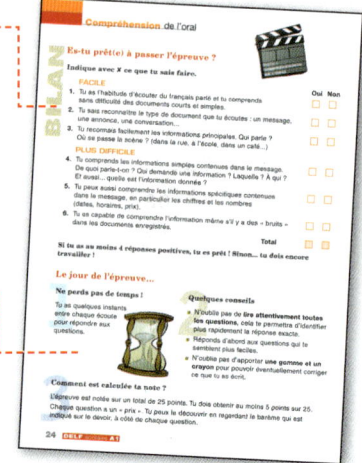

Des conseils pratiques
Ils te présentent le jour de l'examen... comme si tu y étais ! (l'organisation du temps, le matériel, les « trucs » à savoir...)

Des explications pour apprendre...

Les unités d'apprentissage

Les **doubles-pages** « théoriques » analysent tous les aspects des épreuves.

Un **document** présenté sur la page de gauche introduit le thème de l'unité et sert de « déclencheur » pour l'acquisition des savoir-faire.

Les **rubriques pratiques** permettent une révision « en douceur » des connaissances nécessaires.

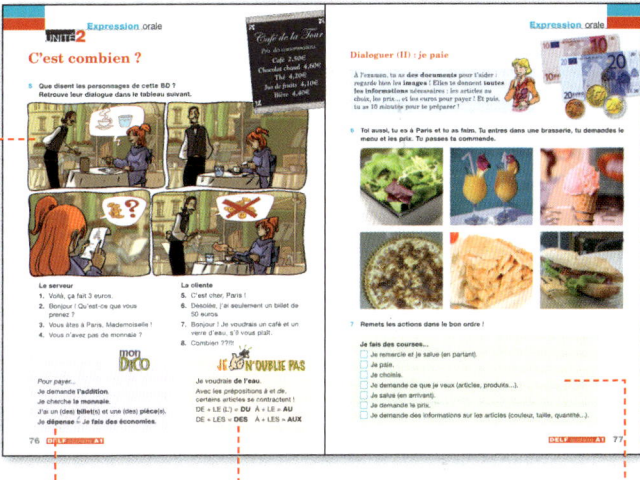

mon DICO : acquisition du lexique fondamental.

JE N'OUBLIE PAS : révision des points de grammaire essentiels.

Les **activités** proposées introduisent ou reproduisent les conditions de l'examen.

Les **vignettes méthodologiques**, animées par les personnages, analysent les **caractéristiques de l'épreuve** et ses difficultés. Elles fournissent également tous les conseils pour l'affronter tranquillement.

Des activités pour s'entraîner...

Tu trouveras pour chaque unité de **nombreux exercices**, qui t'aideront à mémoriser ce que tu as appris et à réviser tes connaissances.

Et en plus... **des jeux** et **des activités de groupe** !

Et dans la rubrique **Pour en savoir plus...** des infos pratiques sur la France et les ados français !

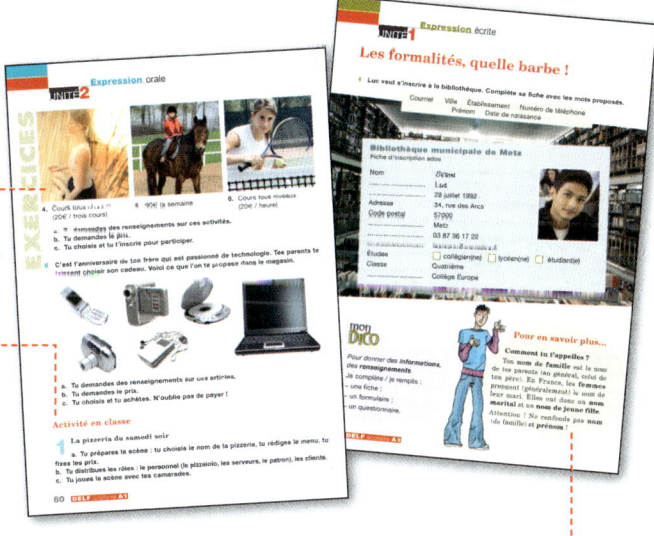

Tu es prêt pour le jour J ? Alors fais l'**examen blanc** que tu trouveras dans les dernières pages du manuel !

Sommaire

Compréhension de l'oral ... 7

UNITÉ 1 Les soldes ! ... 8
En avant la musique ! ... 10
UNITÉ 2 On monte les tentes ! ... 16
1, 2, 3... J'ai tout compris ! ... 18
BILAN ... 24

Compréhension des écrits ... 25

UNITÉ 1 Tu as un message ... 26
Docs ... 28
UNITÉ 2 RDV chez moi ... 34
Programme d'été ... 36
BILAN ... 42

Expression écrite ... 43

UNITÉ 1 Les formalités, quelle barbe ! ... 44
Je m'inscris au DELF ! ... 46
UNITÉ 2 Bien le bonjour de... ... 52
Un monde de légendes... ... 54
BILAN ... 60

Expression orale ... 61

UNITÉ 1 Bonjour ! ... 62
Tu sors ce soir ? ... 64
UNITÉ 2 Dur de choisir ! ... 74
C'est combien ? ... 76
BILAN ... 82

Examen blanc ... 83

Compréhension de l'oral

Écoute !

Épreuve collective : *Partie 1*
Durée de l'examen : 20 minutes environ

La compréhension de l'oral, qu'est-ce que c'est ?

Quand quelqu'un parle en français, est-ce que tu comprends ? Si c'est le cas, tu es prêt(e) pour l'épreuve de **compréhension orale** ! Tu dois simplement **écouter** des enregistrements et **répondre** à un **questionnaire**.

L'épreuve est **collective** : tous les candidats la passent en même temps le jour des épreuves écrites.

Que dois-tu faire ?

Le jour de l'examen, tu dois :
- lire les questions ;
- écouter les documents enregistrés (des dialogues, des messages publicitaires...) ;
- répondre aux questions.

PAS DE PANIQUE !

- Tu as du **temps** pour **lire** toutes les questions.
- Les enregistrements sont très **courts** et tu les écoutes deux **fois**.
- Il y a des **pauses** pour répondre aux questions.
- Pour répondre, tu coches (✗) les bonnes cases ou tu **écris l'information** demandée.

Compréhension de l'oral

UNITÉ 1

Les soldes !

🔊 1 Écoute attentivement les documents enregistrés, puis réponds aux questions.

1. Tu entends
   a. ☐ un dialogue.
   b. ☐ une annonce radio.
   c. ☐ un message sur un répondeur téléphonique.

2. Quelle est la photo qui correspond au document ? Coche la bonne réponse.

  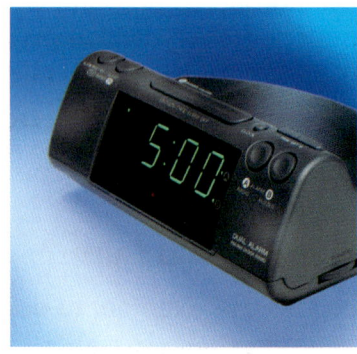

   a. ☐   b. ☐   c. ☐

3. Coche la case vrai (V) ou faux (F).

	V	F
a. Le document enregistré est une conversation téléphonique.	☐	☐
b. Les deux filles sont amies.	☐	☐
c. Céline veut aller au cinéma.	☐	☐

mon DICO

Dépêchez-vous !
Allô ?
Ça te dit ?

JE N'OUBLIE PAS

Je comprends les consignes
Écouter les documents enregistrés / les enregistrements
Lire les questions
Répondre aux questions
Mettre une croix / cocher

8   **DELF scolaire A1**

Compréhension de l'oral

Je reconnais le document (I)

Dans la vie quotidienne, tout peut arriver !
À l'examen, tu entendras des **documents** très **différents** : ils illustrent les situations que tu peux rencontrer dans la vie de tous les jours.

La **première** chose à faire ? Apprends à **reconnaître le type de document** que tu entends :
- une **annonce** (publicité à la radio, message dans un lieu public) ;
- un **message** enregistré au téléphone (sur un répondeur) ;
- une **conversation**, un **dialogue**.

2 Écoute les documents suivants, puis mets une croix (X) dans la bonne colonne.

1. De quel document s'agit-il ?

	Document A	Document B	Document C	Document D
Une conversation téléphonique				
Une annonce à la radio				
Une annonce dans une gare				
Une conversation dans la rue				

2. *Tu* ou *Vous* ?

	Document A	Document B	Document C	Document D
Tu				
Vous				
On ne sait pas				

C'est facile !
TU... VOUS ?
Les formules de politesse
→ p. 81

Compréhension de l'oral

UNITÉ 1

En avant la musique !

3 Écoute les enregistrements suivants.
Écris A, B ou C sous le dessin qui correspond à chaque document enregistré.

1. B   2. C   3. A

4 Réponds aux questions en cochant la bonne case.

Document A

1. Le présentateur s'appelle
   a. ☐ Dominique.
   b. ☑ Pascal.
   c. ☐ Valérie.
2. L'annonce s'adresse à ceux qui aiment
   a. ☐ le théâtre.
   b. ☐ le cinéma.
   c. ☑ la musique.

Document B

1. Tu entends parler
   a. ☑ une mère et sa fille.
   b. ☐ deux amies.
   c. ☐ un frère et une sœur.
2. De quoi parlent les deux personnes ?
   a. ☑ D'un concert de musique.
   b. ☐ D'une sortie en discothèque. *outing*
   c. ☐ D'une fête d'anniversaire.

Document C

1. Les deux personnes se connaissent-elles ?
   a. ☑ Oui.
   b. ☐ Non.
2. Qui parle ?
   a. ☐ Deux adultes.
   b. ☑ Deux jeunes.
   c. ☐ Un jeune et un adulte.

mon DICO

En compagnie de...
Tu es au courant ?
Je suis d'accord /
Je ne suis pas d'accord
C'est génial ! C'est super !

10 DELF scolaire A1

Compréhension de l'oral

Je reconnais le document (II)

À l'examen, regarde bien les **images** : ces **documents** sont là pour t'aider.

Pour bien comprendre le document, tu dois d'abord analyser la **situation**.
- **Qui parle** ? (Une ou plusieurs personnes ? Jeunes ou adultes ?)
- **Où** ? (Dans la rue ? Dans un magasin ? Au téléphone ?)

5 Écoute les dialogues suivants et réponds à la question en mettant une croix dans la colonne de droite.

		Où se passe la scène ?	
Situation 1	À la poste		✓
	Dans la rue		✓
	À l'école		
Situation 2	Dans un restaurant		✓
	Dans une banque		✓
	À la gare		
Situation 3	Dans la rue		
	À l'école		
	Chez le dentiste		✓
Situation 4	Dans un café		✓
	À la pharmacie		✓
	Dans une librairie		

Pour donner des ordres ou des conseils, on utilise l'impératif.

Je tutoie	**Je vouvoie**	**La forme négative**
Regarde !	*Fermez la porte !*	*Ne chante pas !*
Prends ton livre !	*Tournez à droite !*	*Ne partez pas !*

DELF scolaire A1

Compréhension de l'oral

UNITÉ 1

1 Écoute les documents suivants.

1. Écris A, B, C ou D sous la photo qui correspond à chaque document enregistré.

 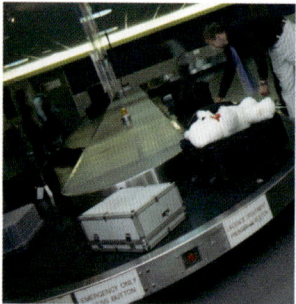  

1. ☐   2. ☐   3. ☐   4. ☐

2. Combien de personnes entends-tu parler dans chaque message ? Mets une croix (✗) dans la bonne colonne.

	A	B	C	D
1				
2				

3. *Vous* de politesse ou pluriel ? Pour chaque document, mets une croix (✗) dans la bonne colonne.

	Vous de politesse	*Vous* 2ᵉ personne du pluriel	On ne sait pas
Document A			
Document B			
Document C			
Document D			

2 Écoute les conversations suivantes.

1. Les personnes qui parlent se connaissent-elles ? Mets une croix (✗) dans la bonne colonne.

	Les personnes se connaissent	Les personnes ne se connaissent pas
Document 1		
Document 2		
Document 3		
Document 4		

DELF scolaire A1

Compréhension de l'oral

2. Qui parle ? Mets une croix (✗) dans la colonne de droite.

		Qui parle ?
Document 1	Une mère et son fils	
	Un père et son fils	
	Un père et sa fille	
Document 2	Un médecin et un patient	
	Un médecin et une secrétaire	
	Une secrétaire et un patient	
Document 3	Une vendeuse et un client	
	Un vendeur et une cliente	
	Deux vendeurs	
Document 4	Deux élèves	
	Un professeur et la mère d'un élève	
	Un professeur et un élève	

3. Écoute les documents enregistrés, puis réponds aux questions.

1. D'où proviennent ces quatre messages ? Insère dans la case le numéro correspondant à chaque enregistrement.

a. ☐   b. ☐   c. ☐   d. ☐

2. Coche la bonne réponse.

Document 1

1. Qui parle ?
   a. ☐ Marie-Claire.
   b. ☐ Françoise.
   c. ☐ Corinne.

2. Le thème de la rubrique est
   a. ☐ la politique.
   b. ☐ le jardinage.
   c. ☐ la cuisine.

EXERCICES

DELF scolaire **A1** 13

Compréhension de l'oral

UNITÉ 1

Document 2

1. Luc présente
   a. ☐ le journal d'information.
   b. ☐ un magazine d'informatique.
   c. ☐ la rubrique sportive.

2. Il présente aussi
   a. ☐ la météo.
   b. ☐ l'horoscope.
   c. ☐ les résultats du loto.

Document 3

1. On parle de
   a. ☐ théâtre.
   b. ☐ musique.
   c. ☐ football.

2. L'invitée de Max est
   a. ☐ une chanteuse.
   b. ☐ une actrice.
   c. ☐ une danseuse.

Document 4

1. Le message s'adresse
   a. ☐ aux amateurs de jeux vidéo.
   b. ☐ aux amateurs de cinéma.
   c. ☐ aux amateurs de musique.

2. La rubrique propose un hit-parade
   a. ☐ de chansons.
   b. ☐ de jeux vidéo.
   c. ☐ de films.

4 Tu vas entendre plusieurs petits dialogues. Pour chaque situation, réponds à la question en mettant une croix (X) dans la colonne de droite.

		Où se passe la scène ?	
Situation 1	Dans un avion		
	Dans un musée		
	Dans un train		
	Dans une voiture		

		De quoi parlent-ils ?	
Situation 2	De musique		
	De cinéma		
	De mode		
	De théâtre		

DELF scolaire A1

Compréhension de l'oral

	Qui parle ?	
Situation 3	Un père et sa fille	
	Deux sœurs	
	Une grand-mère et sa petite-fille	
	Une mère et son fils	

	Qu'est-ce que tu entends ?	
Situation 4	Une annonce à la radio	
	Un message sur un répondeur téléphonique	
	Une annonce dans un supermarché	
	Une conversation téléphonique	

Activités de classe

1 Au téléphone !

1. Les messages.

a. Tes parents te demandent d'inventer un message pour le répondeur téléphonique de la famille.

b. Voici les horaires du centre sportif « À fond la forme ! ».
Lorsque le centre est fermé, une messagerie vocale donne les informations sur les horaires du centre. Imagine le message.

c. Éric est un garçon très timide. Il téléphone à Julie pour l'inviter au cinéma, mais elle est absente. Il décide de laisser un message sur le répondeur. Imagine son message.

LUNDI	FERMÉ
MARDI	11H-19H
MERCREDI	11H-19H
JEUDI	11H-19H
VENDREDI	11H-19H
SAMEDI	8H-20H
DIMANCHE	FERMÉ

2. Les conversations téléphoniques. Joue les scènes avec tes camarades.

a. Romain a la fièvre. Il téléphone au secrétariat du collège pour informer de son absence.

b. Corinne téléphone à son amie Tania pour lui proposer d'aller faire un tour au centre commercial, mais Tania préfère faire une promenade en roller sur les pistes du jardin public.

c. Sébastien ne réussit pas à faire son devoir de maths. Il téléphone à Pierre pour lui demander de l'aide.

Compréhension de l'oral

UNITÉ 2

On monte les tentes !

1 Écoute attentivement les documents suivants.

1. Écris A, B ou C sous le dessin qui correspond à l'enregistrement.

1. ☐   2. ☐   3. ☐

2. Réponds aux questions en cochant la bonne réponse.

Document A

1. La destination du train est
   a. ☐ Paris.
   b. ☐ Perpignan.
   c. ☐ Lyon.

2. Les enfants doivent rejoindre
   a. ☐ leurs amis.
   b. ☐ leurs parents.
   c. ☐ leurs accompagnateurs.

Document B

1. Léa et Myriam sont dans le groupe
   a. ☐ des marmottes
   b. ☐ des renards.
   c. ☐ des furets.

2. Myriam n'a jamais fait de camping.
   a. ☐ Vrai.
   b. ☐ Faux.

Document C

1. Francis est
   a. ☐ professeur.
   b. ☐ directeur.
   c. ☐ entraîneur.

mon DICO

Attention !
Silence !
S'il te plaît ! S'il vous plaît !
Maintenant
Ensuite

DELF scolaire A1

Compréhension de l'oral

Je comprends les informations principales

Maintenant, tu dois reconnaître les informations principales du document. **De quoi** on parle ? On **demande** quoi ? On **répond** quoi ? Écoute bien le document ! Il te donne **toutes les informations** nécessaires.

Attention ! À l'examen, les enregistrements sont authentiques : tu entends des gens qui parlent, mais aussi, quelquefois, **les bruits de la vie quotidienne** en France. Alors, écoute bien !

2 Écoute le document enregistré et réponds aux questions.

1. De quel objet parle-t-on ? Observe les images et coche la bonne case.

a. ☐   b. ☐   c. ☐

2. L'objet perdu se trouve
   a. ☐ à la direction.   b. ☐ à la cuisine.   c. ☐ sous une tente.

3 Écoute le dialogue. Réponds aux questions en cochant la bonne case.

1. Le voyage a été
   a. ☐ court.
   b. ☐ long.
   c. ☐ On ne sait pas.

2. Les tentes sont pour
   a. ☐ deux personnes.
   b. ☐ quatre personnes.
   c. ☐ dix personnes.

3. Les deux filles restent ensemble
   a. ☐ Oui.
   b. ☐ Non.

4. Monter une tente c'est
   a. ☐ difficile.
   b. ☐ facile.
   c. ☐ On ne sait pas.

DELF scolaire **A1**

Compréhension de l'oral

UNITÉ 2
1, 2, 3... J'ai tout compris !

4 Écoute attentivement les enregistrements, puis réponds aux questions.

1. Écris A, B ou C sous l'image qui correspond à chaque document enregistré.

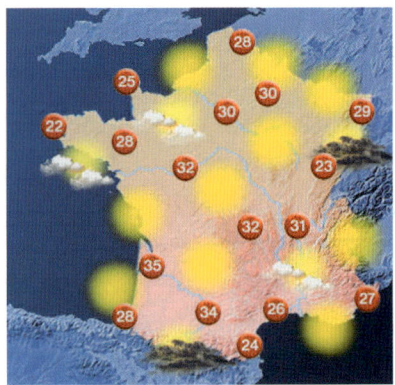  

1. ☐   2. ☐   3. ☐

2. Complète les tableaux suivants avec les nombres que tu as entendus.

Document A

Quelles sont les notes de ces élèves ?	
Sandrine	
Rachid	
Nicolas	

Document B

Quelles sont les températures dans ces villes ?	
Paris	
Brest	
Lille	
Strasbourg	
Nice	

Document C

Pour faire des babas au rhum, il faut...

a. .... œufs
b. .... grammes de farine
c. .... grammes de beurre
d. .... grammes de levure
e. .... grammes de sucre
f. .... verres de rhum

18 DELF scolaire A1

Compréhension de l'oral

Je comprends des informations spécifiques

Avant chaque écoute, **lis bien les questions** : elles te disent déjà **où est la réponse** ! Et attends la seconde écoute pour compléter tes réponses !

🔊 **5** Écoute et répète.

(1) **un**	(20) v**in**gt	(5) c**in**q	(15) qu**in**ze	(50) c**in**qua**n**te
(2) d**eu**x	(12) d**ou**ze	(100) c**en**t	(6) **six**	(16) **s**e**i**ze

6 Écris en chiffres les nombres entre parenthèses.

1. Céline a (*trente*) ......30...... ans.
2. Ce livre coûte (*dix-sept*) ......17...... euros.
3. Demain, on sera le (*seize*) ......16...... avril.
4. J'habite au (*soixante-douze*) ......72...... rue des Hirondelles.
5. Le dimanche, Marie se lève à (*dix*) ......10...... heures.

Attention ! À l'examen, on te demande aussi de savoir **repérer des informations chiffrées** (des dates, des numéros de téléphone, des horaires, des prix, des quantités...)

🔊 **7** Écoute et coche les nombres que tu entends.

1. a. ☐ quatre-vingt-six   b. ☐ vingt-six   c. ☑ quatre-vingt-seize
2. a. ☑ cent quinze   b. ☐ soixante-quinze   c. ☐ cent cinq
3. a. ☐ cent six   b. ☑ soixante-seize   c. ☐ soixante-six
4. a. ☑ dix-sept   b. ☐ cinq cent sept   c. ☐ cinquante-sept
5. a. ☐ deux cent quatre   b. ☐ vingt-cinq   c. ☑ deux cent vingt-cinq
6. a. ☐ trois cent treize   b. ☑ soixante-treize   c. ☐ trois cent trois

mon DICO

Attention à la **prononciation** des nombres !

2 deux	12 douze
3 trois	13 treize
5 cinq	100 cent
6 six	16 seize

JE N'OUBLIE PAS

70 = 60+10   (soixante-dix)
71 = 60+11   (soixante **et** onze)
72   (soixante-douze)
80 = 4X20   (quatre-vingt**s**)
81 = 4X20+1 (quatre-vingt-un)
90 = 4X20+10 (quatre-vingt-dix)
91   (quatre-vingt-onze)

DELF scolaire **A1**

Compréhension de l'oral

UNITÉ 2

1 Écoute, puis réponds aux questions.

1. Complète la fiche.

   Nom : Pierret
   Prénom : Marc
   Âge : 35
   Ville : Paris

2. Monsieur Pierret est
   a. ☐ jardinier.
   b. ☑ pâtissier.
   c. ☐ mécanicien.

3. Il fait
   a. ☑ des gâteaux.
   b. ☐ des châteaux.
   c. ☐ des chapeaux.

4. Il aime beaucoup son métier.
   a. ☑ Vrai.
   b. ☐ Faux.
   c. ☐ On ne sait pas.

5. Il déteste la pâtisserie.
   a. ☐ Vrai.
   b. ☑ Faux.
   c. ☐ On ne sait pas.

2 Écoute l'enregistrement, puis réponds aux questions.

1. Amélie habite
   a. ☐ près de la pharmacie.
   b. ☑ près de la poste.
   c. ☐ près de l'école.

2. Son chat est sorti par
   a. ☑ la fenêtre.
   b. ☐ la cheminée.
   c. ☐ la porte.

3. Lequel de ces chats est Biscotte ? Coche la case qui convient.

a. ☑

b. ☐

c. ☐

4. Complète le numéro de téléphone.   02 .35. 42 .44. 14

DELF scolaire **A1**

Compréhension de l'oral

3 Écoute attentivement les mini-dialogues, puis réponds aux questions.
Pendant la nuit, un voleur s'est introduit dans un appartement et a volé des objets précieux. Un policier interroge les voisins.

Dialogue 1

1. Hier soir, monsieur Follet
   a. ☐ a lu un livre.
   b. ☐ a regardé la télévision.
   c. ☐ est sorti avec des amis.

2. Il s'est couché à
   a. ☐ 2 heures.
   b. ☐ minuit.
   c. ☐ 11 heures.

3. Il n'a rien entendu.
   a. ☐ Vrai.
   b. ☐ Faux.
   c. ☐ On ne sait pas.

Dialogue 2

1. Mademoiselle Lebeau a passé la nuit
   a. ☐ au bureau.
   b. ☐ chez une amie.
   c. ☐ chez ses parents.

2. À quelle heure est-elle rentrée chez elle ?

a. ☐    b. ☐    c. ☐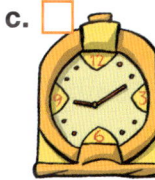

d. ☐    e. ☐    f. ☐

Dialogue 3

1. Madame Simon a vu le voleur.
   a. ☐ Vrai.
   b. ☐ Faux.
   c. ☐ On ne sait pas.

2. À quelle heure a-t-elle entendu du bruit ?
   a. ☐ À midi.
   b. ☐ À minuit.
   c. ☐ À 8 heures.

3. Lequel de ces trois personnage est le voleur ?

a. ☐   b. ☐   c. ☐

DELF scolaire **A1** 21

Compréhension de l'oral

UNITÉ 2

4 Écoute et complète le texte suivant avec les nombres qui manquent.

Je m'appelle Romain et je suis en sixième au collège Jules-Ferry. Dans ma classe, nous sommes (**a.**) .... élèves. Il y a (**b.**) .... garçons et (**c.**) .... filles. Nous avons tous entre (**d.**) .... et (**e.**) .... ans. Je vais à l'école (**f.**) .... jours sur (**g.**) .... Le mercredi et le dimanche, je me repose ! Le matin, les cours commencent à (**h.**) .... heures (**i.**) .... À (**j.**) .... heures, c'est la récré, puis à (**k.**)............. heures on va manger à la cantine. L'après-midi, les cours finissent à (**l.**)............. heures. Pour rentrer, je prends le bus numéro (**m.**)............., il s'arrête devant la maison. J'habite au (**n.**) ...., rue des (**o.**) .... Mousquetaires.

5 À toi la parole ! Sur le modèle du texte précédent, parle de toi, de ta classe et de ta vie à l'école. Utilise le plus de nombres possible !

6 Écoute l'enregistrement, puis réponds aux questions.

1. Tu as entendu
   a. ☐ une annonce à la radio.
   b. ☐ une conversation téléphonique.
   c. ☐ un message sur un répondeur.

2. Cédric propose à Fred
   a. ☐ d'aller au cinéma.
   b. ☐ d'aller à la bibliothèque.
   c. ☐ d'aller faire un tour en scooter.

3. Où les deux amis ont-ils rendez-vous ?

a. ☐　　　　　　　　　　b. ☐　　　　　　　　　　c. ☐

4. À quelle heure ?
   a. ☐ À 16 heures.
   b. ☐ À 13 heures.
   c. ☐ À 6 heures.

5. Fred vient
   a. ☐ à pied.
   b. ☐ à vélo.
   c. ☐ en scooter.

22 DELF scolaire A1

Compréhension de l'oral

Activités de classe

1 À l'aéroport !

Lis les situations proposées, puis joue les scènes avec tes camarades.

1. **Les annonces :**

   - Un avion ne peut pas décoller. Il faut annoncer le retard aux passagers et donner une explication.
   - Un avion en provenance de l'étranger est en retard. Les passagers arriveront à une autre sortie. Annonce le changement.
   - À l'aéroport, le bar *Au petit creux* invite les passagers et les familles à venir se restaurer. Imagine l'annonce.

2. **À l'enregistrement des bagages.**

   - Un touriste veut embarquer avec son boa ! L'employé(e) refuse.
   - Un passager a trop de bagages. L'employé(e) lui explique qu'il faut payer un supplément. Le passager n'est pas d'accord.

3. **L'embarquement.**

   - L'avion va décoller, un passager enregistré est en retard. Il faut lui demander de se rendre à la porte d'embarquement.
   - Au moment du décollage, un passager a très peur et veut descendre de l'avion. L'hôtesse essaie de le calmer.

2 À la radio !

Tes camarades et toi, vous organisez un programme pour la radio de l'école.

1. **Imagine les annonces pour présenter les différentes rubriques.**

   - Le journal
   - Le hit-parade des chansons
   - L'horoscope
   - La recette du jour

2. **Joue au présentateur !**

   - Tu présentes les grands titres de l'actualité.
   - Quel temps fera-t-il demain ? Présente la météo.
   - Tu es un(e) artiste connu(e). Le présentateur te pose des questions. Joue la scène avec tes camarades.
   - L'école organise un tournoi de basket. Tu présentes l'événement.

Compréhension de l'oral

Es-tu prêt(e) à passer l'épreuve ?

Indique avec X ce que tu sais faire.

FACILE   Oui Non

1. Tu as l'habitude d'écouter du français parlé et tu comprends   ☐   ☐
   sans difficulté des documents courts et simples.
2. Tu sais reconnaître le type de document que tu écoutes : un message, ☐   ☐
   une annonce, une conversation...
3. Tu reconnais facilement les informations principales. Qui parle ?   ☐   ☐
   Où se passe la scène ? (dans la rue, à l'école, dans un café...)

PLUS DIFFICILE

4. Tu comprends les informations simples contenues dans le message.   ☐   ☐
   De quoi parle-t-on ? Qui demande une information ? Laquelle ? À qui ?
   Et aussi... quelle est l'information donnée ?
5. Tu peux aussi comprendre les informations spécifiques contenues   ☐   ☐
   dans le message, en particulier les chiffres et les nombres
   (dates, horaires, prix).
6. Tu es capable de comprendre l'information même s'il y a des « bruits » ☐   ☐
   dans les documents enregistrés.

                                                                   Total ☐   ☐

Si tu as au moins 4 réponses positives, tu es prêt ! Sinon... tu dois encore travailler !

Le jour de l'épreuve...

1 Ne perds pas de temps !

Tu as quelques instants entre chaque écoute pour répondre aux questions.

2 Quelques conseils

- N'oublie pas de **lire attentivement toutes les questions**, cela te permettra d'identifier plus rapidement la réponse exacte.
- Réponds d'abord aux questions qui te semblent plus faciles.
- N'oublie pas d'apporter **une gomme et un crayon** pour pouvoir éventuellement corriger ce que tu as écrit.

3 Comment est calculée ta note ?

L'épreuve est notée sur un total de 25 points. Tu dois obtenir au moins 5 points sur 25.
Chaque question a un « prix ». Tu peux le découvrir en regardant le barème qui est indiqué sur le devoir, à côté de chaque question.

Compréhension des écrits

Lire et comprendre

Épreuve collective : *Partie 2*
Durée de l'examen : 30 minutes

La compréhension des écrits, qu'est-ce que c'est ?

Quand tu lis un document en français, comprends-tu vraiment ce qu'il signifie ? Si c'est le cas, tu es prêt(e) pour l'épreuve de **compréhension des écrits** !

L'épreuve est **collective** : tous les candidats la passent en même temps le jour des épreuves écrites.

Que dois-tu faire ?

D'abord, **lire** très attentivement les textes qui sont des **documents de la vie quotidienne** des Français (des annonces publicitaires, des messages sur Internet, des lettres entre amis, etc.). On te demande simplement de **répondre à des questions** pour voir si tu as **tout** compris !

PAS DE PANIQUE !

- Les textes choisis sont courts et simples : il n'est pas difficile de les comprendre.
- Dans cette épreuve, **tu n'as rien à écrire** (ou très peu). Il te suffit d'indiquer ta réponse en **cochant** la case de ton choix.

Compréhension des écrits

UNITÉ 1

Tu as un message !

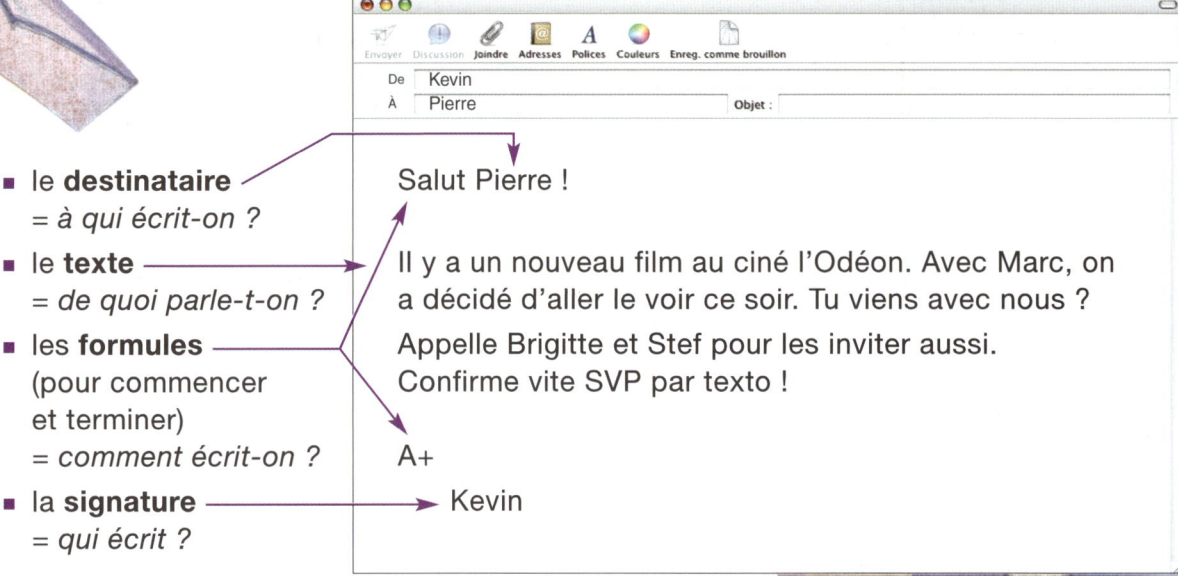

- le **destinataire**
  = *à qui écrit-on ?*
- le **texte**
  = *de quoi parle-t-on ?*
- les **formules**
  (pour commencer et terminer)
  = *comment écrit-on ?*
- la **signature**
  = *qui écrit ?*

Salut Pierre !

Il y a un nouveau film au ciné l'Odéon. Avec Marc, on a décidé d'aller le voir ce soir. Tu viens avec nous ?

Appelle Brigitte et Stef pour les inviter aussi. Confirme vite SVP par texto !

A+

Kevin

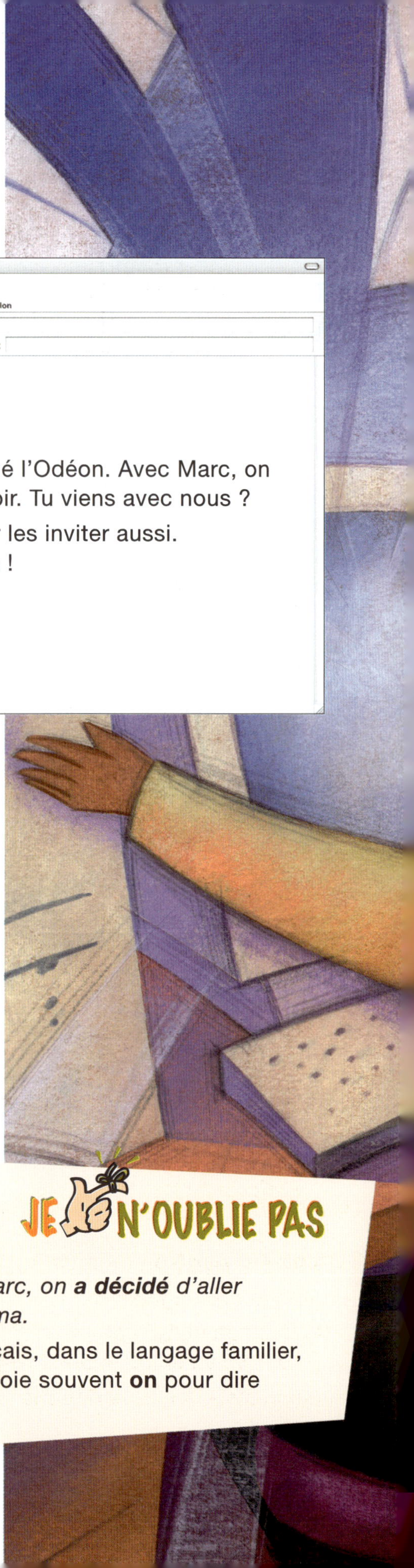

1 Réponds aux questions.

1. Ce message est
   a. ☐ un texto.
   b. ☐ un courriel.
   c. ☐ une lettre.

2. Comment est écrit ce message ?
   a. ☐ C'est un message formel.
   b. ☐ C'est un message amical.
   c. ☐ On ne sait pas.

mon DICO

Pour envoyer un message très vite...
un **courriel**, un **mail** (ou **mél**)
une **adresse électronique**

JE N'OUBLIE PAS

*Avec Marc, on **a décidé** d'aller au cinéma.*

En français, dans le langage familier, on emploie souvent **on** pour dire **nous**.

 **DELF** scolaire **A1**

Compréhension des écrits

Je lis et je déchiffre le document

À l'examen, tu dois être capable de lire et comprendre des documents très **courts**. C'est facile ! Il faut répondre à des **questions simples** : qui écrit ? À qui ? De quoi parle-t-on ?

Avant de commencer à travailler, lis attentivement **la consigne** et **toutes les questions** !

Quand j'écris...	
à mes amis, à ma famille **(Je connais le destinataire)**	à une structure, un organisme **(Je ne connais pas le destinataire)**
amical (informel)	formel

2 Découvre les informations que donne le texte !

1. Dans le texte, on parle de

   qui ?   a. Qui envoie le message ? ....
              À qui ? ....

   quoi ? b. ☐ D'une fête.   ☐ D'un devoir.   ☐ D'un film.

   Dans le texte, l'action se passe

   où ?   c. ☐ dans un collège.   ☐ dans un cinéma.   ☐ dans une discothèque.

   quand ? d. ☐ demain matin.   ☐ aujourd'hui.   ☐ la semaine prochaine.

2. Dans le message,

   a. ☐ on donne une information au destinataire.
   b. ☐ on demande au destinataire de faire quelque chose.
   c. ☐ On ne sait pas.

JE N'OUBLIE PAS

Comment écrit-on un message ?

Quand le message est **amical** :

- le langage utilisé est souvent **familier** : on écrit « comme on parle » (➜ p. 26), on emploie des **formules** affectueuses (*salut, bisous, biz...*)...
- on emploie des **abréviations** et des **sigles** pour aller vite (➜ Unité 2).

DELF scolaire A1

Compréhension des écrits

Docs

3 Reconnais les documents.

1. [G] Emploi du temps.
2. [C] Publicité.
3. [H] Journal intime.
4. [D] Affiche.
5. [B] Petites annonces.
6. [F] Message personnel.
7. [E] Faire-part.
8. [A] Texto.

A — On prend un pot ? 17h ? Café Lido ?

B — **Bonnes affaires !**
Vends VTT neuf. 21 vitesses.
Prix intéressant.
Tél. 06 74 85 21 32 (soir)

C — Sandrine et Jacques Guyot sont très heureux de vous annoncer la naissance de Leïla

D — Fête de la musique 21 juin

E — Fatigués ? Stressés ? Partez tranquilles... Club Été — Voyages et séjours

F — Ce soir pizza ! D'ac ? Appelle pour commander.

G —
	lundi	mardi
8h-9h	Anglais	Français
9h-10h	Maths	Français
10h-11h	Histoire-Géo	Maths

H — SAMEDI : ANNIVERSAIRE DE LÉA
PLEIN DE COPAINS INVITÉS,
MUSIQUE DÉMENTE,
BOUFFE EXTRA !
SUPER-SOIRÉE !

28 DELF scolaire A1

Compréhension des écrits

Je lis et je déchiffre plusieurs documents

Dans la vie quotidienne, tout peut arriver ! À l'examen, on te propose des **documents** très **différents** (messages, petites annonces, publicités, programmes...) : ils illustrent les **situations** que tu peux rencontrer tous les jours.

La **première** chose à faire ? Pour chaque exercice, cherche d'abord à **identifier le type de document** que tu dois lire.

4 As-tu compris ?

1. Parmi ces documents, lesquels
   - s'adressent à une personne en particulier ?
     a. ☑ b. ☐ c. ☐ d. ☑ e. ☐ f. ☑ g. ☑ h. ☑
   - s'adressent à plusieurs personnes ?
     a. ☑ b. ☑ c. ☑ d. ☑ e. ☐ f. ☐ g. ☑ h. ☐
   - sont personnels ?
     a. ☑ b. ☐ c. ☑ d. ☑ e. ☐ f. ☐ g. ☐ h. ☑

2. Parmi ces documents, trouve au moins un message
   - de type familier (ou amical)   a. ☑ b. ☐ c. ☐ d. ☐ e. ☐ f. ☑ g. ☐ h. ☑
   - de type formel   a. ☐ b. ☐ c. ☑ d. ☑ e. ☑ f. ☐ g. ☐ h. ☐
   - de type publicitaire (ou commercial) a. ☐ b. ☑ c. ☐ d. ☐ e. ☑ f. ☐ g. ☐ h. ☐
   - de type informatif   a. ☐ b. ☐ c. ☐ d. ☑ e. ☑ f. ☐ g. ☐ h. ☐

3. Associe à ces images le document correspondant.

   a. B   b. F   c. D   d. A

4. Associe à ces mots-clés le document correspondant.
   G École   E Vacances   D Rendez-vous   C Invitation

C'est facile !
Pour en savoir plus sur les messages d'aujourd'hui ➔ p. 33

DELF scolaire **A1**   29

Compréhension des écrits

UNITÉ 1

1 **Lis et réponds aux questions.**

1. À ton avis, ce touriste part
   - a. ☐ à la mer.
   - b. ☐ dans un pays froid.
   - c. ☐ On ne sait pas.
   - d. ☐ dans son pays.
   - e. ☐ à l'étranger.
   - f. ☐ On ne sait pas.
   - g. ☐ en train.
   - h. ☐ en avion.
   - i. ☐ On ne sait pas.
   - j. ☐ le matin.
   - k. ☐ le soir.
   - l. ☐ On ne sait pas.

Mémo vacances
valise : pulls, bonnet, écharpe en laine
ne pas oublier le passeport !
emporter appareil photo + guide musées
réserver taxi aéroport très tôt (5h00 ? 5h30 ?)

2. Selon toi, quel est le type de vacances que ce touriste préfère ?
   - a. ☐ Vacances de détente. b. ☐ Vacances sportives. c. ☐ Vacances culturelles.

2 **Patrick arrive chez lui et trouve le message suivant. Réponds aux questions.**

1. Qui est l'auteur du message ?
   - a. ☐ Patrick.
   - b. ☐ La mère de Patrick.
   - c. ☐ Liliane.

2. Qui est Liliane ?
   - a. ☐ La voisine de Patrick.
   - b. ☐ La mère de Patrick.
   - c. ☐ La sœur de Patrick.

3. Liliane est partie
   - a. ☐ en voyage d'affaires.
   - b. ☐ voir sa famille.
   - c. ☐ au cinéma.
   - d. ☐ pour le week-end.
   - e. ☐ pour une semaine.
   - f. ☐ pour un mois.

4. Liliane vit
   - a. ☐ avec son frère.
   - b. ☐ avec un animal.
   - c. ☐ avec ses parents.
   - d. ☐ dans une maison.
   - e. ☐ dans un appartement.
   - f. ☐ On ne sait pas.

Patrick,
Je pars aujourd'hui chez mes parents pour le WE. Je rentre lundi. Peux-tu donner à manger au chat, SJP ? Referme bien la porte à clé quand tu quittes l'appartement. En cas de problème, tu peux m'appeler sur mon portable.
Merci beaucoup.
Liliane

DELF scolaire A1

Compréhension des écrits

3 Zoé lit l'annonce ci-dessous dans le journal et envoie un courriel à sa copine.

Salut Virginie,

Tu as vu la pub dans le journal ? Ce nouveau magasin a l'air super ! On y va ensemble pour l'inauguration ? RDV demain à l'arrêt d'autobus à 14h30. On sera les premières clientes !

Zoé

1. À qui écrit Zoé ?

   ....

2. Zoé écrit pour
   a. ☐ proposer une activité.
   b. ☐ remercier son amie.
   c. ☐ accepter une invitation.

3. Dans son message, Zoé parle
   a. ☐ d'un spectacle.
   b. ☐ d'une fête.
   c. ☐ d'une sortie shopping.

4. Les amies vont se retrouver à
   a. ☐ 15h.
   b. ☐ midi.
   c. ☐ 14h30.

5. Zoé envoie son message
   a. ☐ le lundi 22 octobre.
   b. ☐ le samedi 20 octobre.
   c. ☐ le vendredi 19 octobre.

DELF scolaire **A1**

Compréhension des écrits

UNITÉ 1

EXERCICES

4. Aujourd'hui, c'est samedi. Tu décides d'aller à la Maison de la Ville avec des copains du collège.

La Maison de la Ville t'attend !

À la Maison de la Ville, tu peux tout faire : te distraire, faire du sport, lire un bon livre, pratiquer différentes activités… seul ou avec des amis !

La tête…
- Bibliothèque, salle de lecture
- Soutien scolaire

…et les jambes !
- Salle de jeux
- Piscine
- Salle de sports

Clubs
- Photo
- Échecs, sudoku, arts martiaux
- Bar, cafétéria

Horaires (automne / hiver)
Lundi 14h-20h
Mardi 14h-20h
Mercredi 10h–20h
Jeudi 14h-20h
Vendredi 14h–22h
Samedi 10h–22h

Tarifs
Entrée gratuite
Espaces publics (jardins, café), bibliothèque, salle de jeux
Entrée payante (piscine, salle de sports)
Tarif normal .... 3€40
Tarif réduit .... 2€50
(scolaires et étudiants, chômeurs, Carte Vermeil)

1. Quelles activités peut-on pratiquer en club ?
   a. ☐ Aérobic   b. ☐ Photographie   c. ☐ Cuisine

2. À quelle heure ouvre la Maison de la Ville le samedi ?
   ....

3. Tu décides d'aller nager. Combien paies-tu ?
   ....

4. À la Maison de la Ville, aucun problème…

	V	F
si tu as faim ou soif.	☐	☐
si tu as des problèmes à l'école.	☐	☐

32 **DELF** scolaire **A1**

Fiche de **révision**

Lis tes messages !

Aujourd'hui, pour communiquer, on envoie peu de lettres mais beaucoup de messages électroniques. Les ados sont les plus accros ! Voici les messages qu'ils utilisent.

Les textos

Ce sont les messages que les jeunes envoient sur leur **portable**. Le français qu'ils écrivent est... original, et leurs parents sont très inquiets !

Petit dico texto	
bonjour	bjr
salut	slt
comment ça va	komencava
Qu'est-ce que	keske
d'accord	dak
réponds s'il te plaît	rstp
à plus tard	A+

Les courriels

Aujourd'hui, beaucoup de jeunes ont un **ordinateur** pour **chatter** ou chercher des informations **en ligne**. Ils naviguent sur Internet et ont une **adresse électronique** pour envoyer et recevoir des **courriels**.

Sondage : Les jeunes (12-17 ans) et le net	
Ont un PC chez eux	69%
Ont une connexion Internet	40%
Chattent régulièrement	59%

- adresse de l'expéditeur (qui écrit ?)
- adresse du destinataire (à qui écrit-on ?)
- objet du message (de quoi parle-t-on ?)

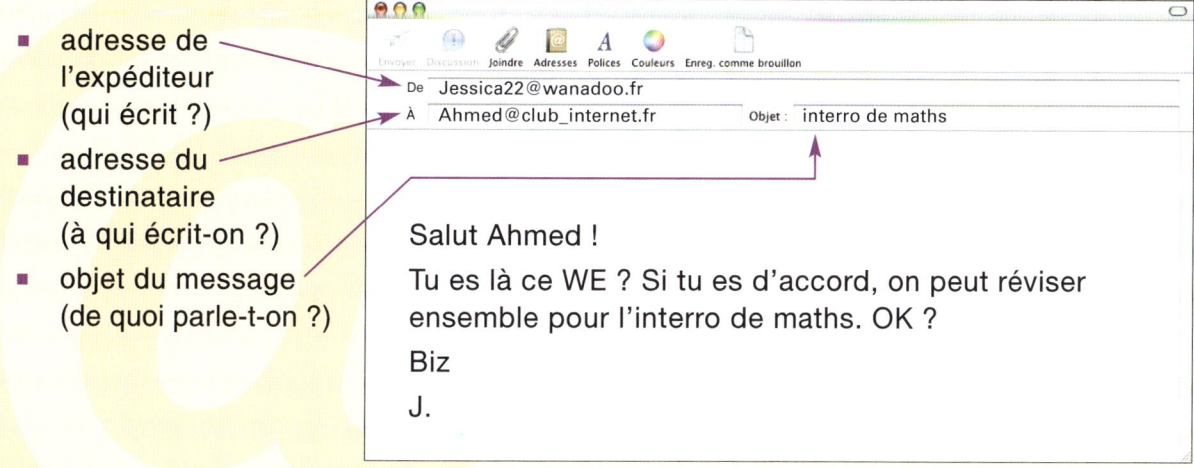

DELF scolaire A1

Compréhension des écrits

UNITÉ 2

RDV chez moi

Laure écrit à une amie. Lis son message.

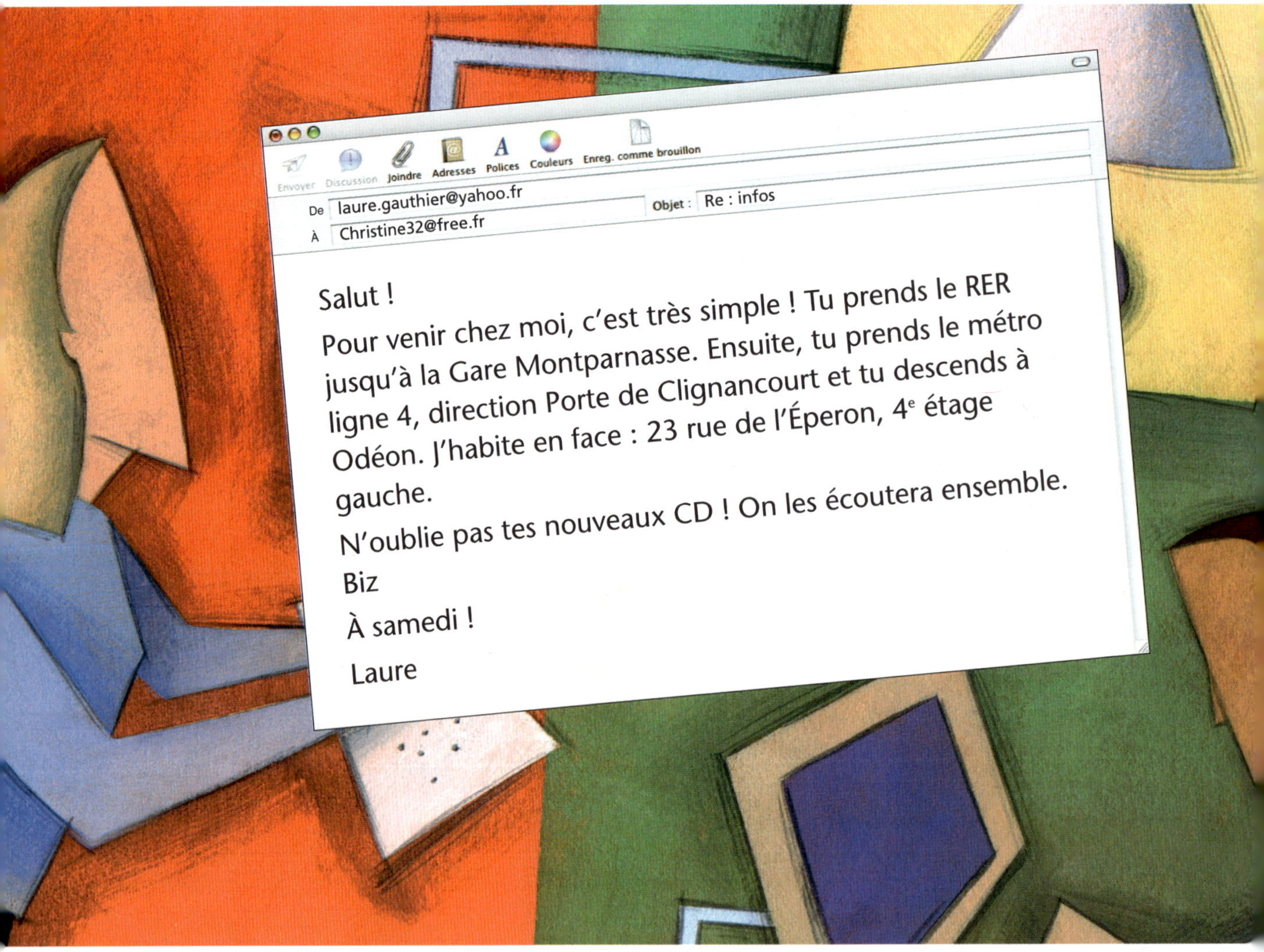

De : laure.gauthier@yahoo.fr
À : Christine32@free.fr
Objet : Re : infos

Salut !

Pour venir chez moi, c'est très simple ! Tu prends le RER jusqu'à la Gare Montparnasse. Ensuite, tu prends le métro ligne 4, direction Porte de Clignancourt et tu descends à Odéon. J'habite en face : 23 rue de l'Éperon, 4e étage gauche.

N'oublie pas tes nouveaux CD ! On les écoutera ensemble.

Biz

À samedi !

Laure

---

mon DICO

Pour s'orienter...
(Tourner) **à** gauche, **à** droite
Devant, derrière, en face (**de**)
(Aller / continuer) tout droit

Je n'oublie pas

Pour faire vite, les Français utilisent souvent des **sigles**.
- Cherche-les dans le document !
- En connais-tu d'autres ?

Compréhension des écrits

S'orienter (I) : je comprends le document

Lis attentivement le document. Il te donne **toutes les informations** nécessaires. Pour répondre, rappelle-toi que **les questions sont toujours les mêmes** !

1 Découvre le document.

2 Réponds aux questions.

1. À qui écrit Laure ?

   ....Christine..

2. Elle écrit ce message pour
   a. ☑ inviter une amie.
   b. ☐ accepter une invitation.
   c. ☑ donner des informations.

3. Que doit apporter l'invité ? Coche la bonne réponse.

   a. ☐   b. ☐   c. ☐

4. Où habite Laure selon toi ?
   a. ☐ À la campagne.
   b. ☐ À Paris.
   c. ☐ En banlieue.

5. Quelle est l'adresse complète de Laure ? Écris-la sur l'enveloppe.

6. Quand est-ce que les deux amies ont rendez-vous ?
   a. ☐ Aujourd'hui.
   b. ☐ La semaine suivante.
   c. ☐ Durant le week-end.

DELF scolaire A1

Compréhension des écrits

UNITÉ 2

Programme d'été

Cet été, tes parents veulent t'envoyer en France pendant un mois. Ils te demandent de trouver un centre pas trop cher qui organise des cours (pour améliorer ton français !), des activités sportives et des excursions. Tu trouves plusieurs annonces sur Internet.

Apprendre en s'amusant

Association Jeunes du monde

Notre association propose des séjours linguistiques en Provence. Cours de langue, visites culturelles. Prix de base semaine : 180€
Contactez le 04 32 53 44 12.

Centre linguistique Découverte

L'été en France ? C'est possible ! Cours de langue le matin, sports et découverte l'après-midi. Hébergement en famille.
Promo juillet : 100€/sem.
Tél. : 05 49 50 14 20.

Centre États-Unis d'Europe

Venez apprendre les langues à Paris ! Séjours linguistiques sur mesure (enseignement, activités, culture, hébergement en résidence). Réservez maintenant ! Semaine à partir de 250€. Contact résa : 01 54 16 08 22 (tlj de 9h à 19h).

Familles de France

Séjours gratuits pour jeunes étrangers (max. 15 jours) ! Découverte du patrimoine, sports en tout genre. Nous accueillons des ados du monde entier... qui acceptent de faire un échange. Renseignements au 02 58 73 11 24.

Pour lire les annonces...
Réservation
Tarif (hebdomadaire, mensuel...)
Promotion
Renseignements

Pour faire vite (dans les annonces par exemple), les Français utilisent souvent des **abréviations**.
- Cherche-les dans le document !
- En connais-tu d'autres ?

36 DELF scolaire A1

Compréhension des écrits

S'orienter (II) : je fais un choix

À l'examen, on peut te demander de **comparer** des documents (par exemple des petites annonces) pour **faire un choix. Lis attentivement la consigne** : elle contient toutes les informations nécessaires !

3 Es-tu sûr(e) d'avoir compris la consigne ?

1. Tes parents
   a. ☐ sont prêts à dépenser beaucoup.
   b. ☐ souhaitent trouver un séjour gratuit.
   c. ☑ ne veulent pas dépenser trop.

2. Toi,
   a. ☐ tu es excellent en français.
   b. ☑ tu dois faire des progrès en français.
   c. ☐ tu n'as pas besoin de parler français.

3. Le séjour doit être
   a. ☐ dynamique.
   b. ☐ instructif.
   c. ☑ un peu des deux.

4. Tu partiras
   a. ☐ tout l'été.
   b. ☑ un mois.
   c. ☐ Tu ne sais pas.

4 Réponds aux questions.

1. À quel numéro tes parents doivent-ils téléphoner ? 05 49 50 14 20 – le moins chere
2. Combien dépenseront-ils ? 100 €/sem.
3. Par semaine : .... 100 .... €
4. Pour tout le séjour : ...... 100 ...... x ...... 4 ...... semaines = ... 400 ...... €

Souvent, on te demande de **repérer des informations chiffrées** (des prix, des tarifs, des numéros de téléphone...). Attention ! Quelquefois, les annonces se ressemblent !

DELF scolaire **A1** 37

EXERCICES

UNITÉ 2

Compréhension des écrits

1 Lis le document et réponds aux questions.

MAIRIE DE FONTAINEBLEAU
Célébration du *14 juillet*

- **11h** Défilé tricolore et concours de chars fleuris !
- **13h** Pique-nique citoyen dans le parc du château (réservations au 01 13 22 70 95). Accès libre.
- **16h** Visite gratuite du château. Animations de rues.
- **19h** Spectacle de magie offert par la Mairie.
- **22h** Grand bal sous les lampions !

Venez nombreux !

1. Ce message s'adresse
   - a. ☐ à une personne en particulier.
   - b. ☐ aux membres d'une famille.
   - c. ☑ aux habitants d'une ville.

2. Dans ce document, on parle
   - a. ☐ d'une compétition sportive.
   - b. ☑ d'une fête commémorative.
   - c. ☐ d'un spectacle.

3. Ce message est
   - a. ☐ une invitation.
   - b. ☐ un programme.
   - c. ☑ les deux.

4. La manifestation est prévue
   - a. ☐ pendant la journée.
   - b. ☐ le soir.
   - c. ☑ pendant la journée et le soir.

5. Quelles sont les activités prévues ? Coche la ou les bonnes réponses.

a ☐   b ☑   c ☑

d ☑   e ☐   f ☐

6. Toutes les activités sont gratuites.
   - a. ☐ Oui.
   - b. ☐ Non.
   - c. ☐ On ne sait pas.

38 DELF scolaire A1

Compréhension des écrits

2 Tes parents veulent t'offrir un chien. Ils trouvent plusieurs annonces dans le journal.

1. Vends chiot (2 mois) LABRADOR pedigree, couleur miel. Max. garantie. Prix : 700 € labradorpourtous@yahoo.fr

2. Donne GOLDEN RETRIEVER, 7 ans, affectueux et propre. Tél. 04 32 86 12 27

3. Votre maison en toute sécurité avec nos chiens dressés ! Animaux toutes races. Contacter Michel au 06 22 54 71 12.

a. Tes parents ne veulent pas dépenser beaucoup. Quelle annonce choisissent-ils ? ☐

b. Tes parents veulent absolument un chien de pure race. Quelle annonce choisissent-ils ? ☐

c. Tes parents veulent un chien de garde. Quelle annonce choisissent-ils ? ☐

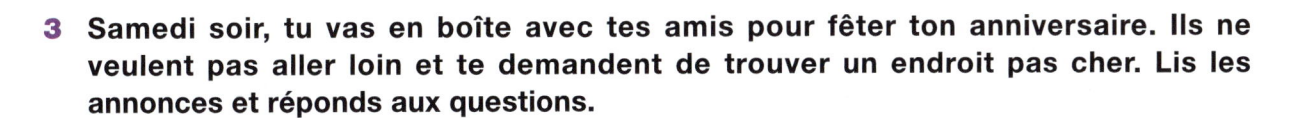

3 Samedi soir, tu vas en boîte avec tes amis pour fêter ton anniversaire. Ils ne veulent pas aller loin et te demandent de trouver un endroit pas cher. Lis les annonces et réponds aux questions.

La folie du samedi soir
Tous rythmes et musiques.
Ouvert tout le WE.
À 20 mn du centre.
Entrée : 15€
Contact : 02 32 25 77 14

Le rendez-vous
En plein centre-ville, une boîte sympa pour se retrouver.
Fermeture hebdomadaire : jeudi.
Entrée : 8€
Infos : 02 55 36 91 08

C'est la fête !
Ambiance super pour vos soirées fun en pleine ville.
Spécialité techno et cocktails exotiques. Piscine.
Ouvert tous les jours.
Entrée : 30€ – Tél. 02 76 88 00 21

Nuit Blanche
Venez danser sous les étoiles ! En pleine nature, des rythmes fous et des gens sympas. Parking gratuit. Accès autoroute, sortie n° 22.
Entrée : 8€
Appelez Simon au 06 44 28 12 00

a. À quel numéro téléphones-tu ? ....
b. Quel est le prix de l'entrée ? ....

DELF scolaire A1

Compréhension des écrits

UNITÉ 2

4 Tu es en vacances en famille dans le parc naturel du Marais Poitevin, et tu veux faire une promenade en barque. Voici les informations que tu trouves à l'Office du tourisme.

---

1. Découvrez le Marais avec nous !
Promenades en barque tlj de 10h à 19h. Prix / personne : 20 / 25 / 30€.
Durée excursion : 1h – 1h30 – 2h

2. Amoureux de la nature, bienvenus !
Nos promenades en barque offrent la possibilité de découvrir l'environnement et d'observer les animaux. Tarifs spéciaux pour les groupes (+ 4 personnes)

3. L'aventure vous attend !
Passez une journée entière dans le parc avec nos guides. Surprises garanties !
Départ tlj à 8h. Retour 17h. Prix / personne : 80€

4. Choisissez notre croisière dans le Marais
Barques confortables (climatisation) et luxueuses, repas typique ! Prix : 110€

---

a. Tu adores le sport et tu aimes les activités originales. Que choisis-tu ? ☐

b. Ta mère aime son confort et est très gourmande. Que choisit-elle ? ☐

c. Ta sœur ne s'intéresse pas à la nature. Elle veut une promenade brève. Que choisit-elle ? ☐

d. Tes deux frères sont des fanatiques d'écologie et aiment les animaux. Que choisissent-ils ? ☐

e. Ton père veut trouver une formule économique pour toute la famille. Que choisit-il ? ☐

DELF scolaire **A1**

Compréhension des écrits

5 Catherine a demandé un renseignement à sa copine. Sa copine lui répond. Lis son message et réponds aux questions.

> De : Jeanne
> À : Catherine
> Objet : Re : Quel magasin ?
>
> Je connais le magasin que tu cherches. Quand tu entres dans le centre commercial, tu traverses la place et tu tournes à gauche. Ensuite, tu tournes à droite, puis tu vas tout droit. C'est le dernier magasin sur la gauche. On peut se retrouver là-bas samedi après-midi.
> Jeanne

1. Jeanne a conseillé un itinéraire à Catherine. Lequel ?

2. Que veut acheter Catherine ?

a. ☐   b. ☐   c. ☐

3. Quand est-ce que les deux amies ont rendez-vous ? ....

DELF scolaire A1

Compréhension des écrits

Es-tu prêt(e) à passer l'épreuve ?

Indique avec X ce que tu sais faire.

FACILE

		Oui	Non
1.	Comprendre les consignes de l'exercice.	☐	☐
2.	Reconnaître le(s) document(s) proposé(s) (message, publicité, petite annonce...).	☐	☐
3.	Lire rapidement le(s) document(s).	☐	☐
4.	Comprendre les informations principales du document (Qui écrit ? À qui ? De quoi parle le document ?) pour pouvoir répondre aux questions.	☐	☐

PLUS DIFFICILE

5.	Comprendre les informations spécifiques du document (Où ? Quand ? Pourquoi ? Combien ?) pour pouvoir répondre aux questions.	☐	☐
6.	Comparer plusieurs documents et sélectionner les informations pour faire un choix.	☐	☐
	Total	☐	☐

Si tu as au moins 4 réponses positives, tu es prêt ! Sinon... tu dois encore travailler !

Le jour de l'épreuve...

1 Organise-toi...

Tu as 30 minutes pour faire les exercices de compréhension écrite. Rappelle-toi que tu as **beaucoup de choses à faire**. Alors prépare ta montre : pas plus de 10 minutes pour chaque exercice !

2 Quelques conseils...

Avant de commencer à répondre, **lis** :
- **tous les textes** qui te sont proposés dans leur intégralité ;
- **toutes les questions** qui te sont posées.

Si tu hésites encore sur une réponse, écris d'abord avec un crayon pour éventuellement corriger ensuite.

3 Comment est calculée ta note ?

L'épreuve est notée sur un total de 25 points. Tu dois obtenir au moins 5 points sur 25. Chaque question a un « prix ». Tu peux le découvrir en regardant le barème qui est indiqué sur le devoir, à côté de chaque question.

Expression écrite

Écris !

Épreuve collective : *Partie 3*
Durée de l'examen : 30 minutes

La production écrite, qu'est-ce que c'est ?

Tu sais remplir un formulaire avec ton nom, ton prénom et ton adresse ? Tu sais aussi écrire une petite carte postale ou un message ? Si c'est le cas, tu es prêt(e) pour l'épreuve de **production écrite** !

L'épreuve est **collective** : tous les candidats la passent en même temps le jour des épreuves écrites.

Que dois-tu faire ?

Tu dois utiliser tout ce que tu sais (lexique et grammaire) pour **écrire des phrases correctes** (courtes et simples) en français.

Tu as **deux exercices** à faire :
- **compléter** une fiche ou un formulaire ;
- **écrire** une carte postale, une petite lettre, un message, une légende.

PAS DE PANIQUE !

Tu connais bien les sujets : les vacances, les amis, les loisirs, l'école... Et puis, tu ne dois pas écrire beaucoup.

◆ Dans le premier exercice, tu écris simplement les informations demandées.

◆ Dans le deuxième exercice, tu dois écrire... 40 à 50 mots ! C'est 5/6 lignes. Pas de quoi paniquer !

Expression écrite

UNITÉ 1

Les formalités, quelle barbe !

1 Luc veut s'inscrire à la bibliothèque. Complète sa fiche avec les mots proposés.

Courriel   Ville   Établissement   Numéro de téléphone
Prénom   Date de naissance

Bibliothèque municipale de Metz
Fiche d'inscription ados

Nom SERIN
Prénom Luc
Date de naissance 28 juillet 1992
Adresse 34, rue des Arcs
Code postal 57000
Ville Metz
N. de Téléphone 03 87 36 17 22
Courriel luc.serin@wanadoo.fr
Études ☒ collégien(ne) ☐ lycéen(ne) ☐ étudiant(e)
Classe Quatrième
Nom de l'établissement scolaire Collège Europe

mon DICO

Pour donner des **informations**, des **renseignements**

Je complète / je remplis :
– une fiche ;
– un formulaire ;
– un questionnaire.

Pour en savoir plus...

Comment tu t'appelles ?

Ton **nom de famille** est le nom de tes parents (en général, celui de ton père). En France, les **femmes** prennent (généralement) le nom de leur mari. Elles ont donc un **nom marital** et un **nom de jeune fille**.

Attention ! Ne confonds pas **nom** (de famille) et **prénom** !

DELF scolaire A1

Expression écrite

Je lis et je déchiffre un formulaire

Dans le premier exercice de l'examen, tu dois **compléter un formulaire**. Attention ! Es-tu sûr(e) de bien **comprendre** les informations demandées ? Tu dois donner des **renseignements personnels** (état civil, domicile, quelquefois tes goûts…)
Remplir un formulaire, c'est **se présenter par écrit** ! (→ p. 63)

2 Sabine, la copine de Luc, s'inscrit aussi. Mais elle est un peu étourdie… et elle a des problèmes pour remplir le formulaire. Peux-tu corriger ses fautes ?

Bibliothèque municipale de Metz
Fiche d'inscription ados

Nom	*Sabine*
Prénom	*Grosjean*
Date de naissance	sgrosjean57000@yahoo.fr
Adresse	14, rue des Amandiers
Code postal	03 87 37 41 00
Ville	quatrième
N° de téléphone	57000
Courriel	Metz
Études	☐ collégien(ne) ☐ lycéen(ne) ☐ étudiant(e)
Classe	12/11/1992
Nom de l'établissement scolaire	Collège Europe

Attention ! À l'examen, quand on te demande ces informations « personnelles », **tu ne dois pas donner ton vrai nom et ton vrai prénom** (pour respecter **l'anonymat !**) Tu peux **inventer un « personnage »** !
Imagine… un nom, un prénom, une adresse, etc. L'important, c'est de **comprendre ce qui est demandé** !

Michel !

Hector !

DELF scolaire **A1**

Expression écrite

UNITÉ 1

Je m'inscris au DELF !

Cette année, tu passes le DELF !

1. Aneke, norvégienne
   Inscrite au DELF B1

2. Luis, espagnol
   A passé (et réussi !)
   le DELF A2

3. Mary, américaine
   Prépare le DELF A1

3 Remplis ta fiche d'inscription.

CENTRE D'EXAMEN DELF–DALF	
Nom	Mehrez
Prénom	Shady
Âge	13 ans
Nationalité	Égyptienne
Pays d'origine	Égypte
Adresse complète	8B, rue 90, Kattameya
Profession / Études	Étudiant
À quel examen du DELF vous inscrivez-vous ?	Delf A1

mon DICO

Pour donner des **informations personnelles**...
Sais-tu quel est le nom de ta ville, de ton pays... **en français** ?

JE N'OUBLIE PAS

Aneke est norvégi**enne**.
Mary est américain**e**.
Pour former le **féminin**, on ajoute un **e**.
Attention aux adjectifs en **-ien** !

46 DELF scolaire A1

Expression écrite

Je complète le formulaire

Le DELF est un diplôme qui existe depuis 20 ans. On peut le passer dans plus de 150 pays. Il y a des centres d'examen dans toute l'Europe, mais aussi… en Chine, en Nouvelle-Zélande, au Népal, etc.

Pour compléter un formulaire ou une fiche d'inscription, tu dois donner **toutes** les informations **en français** ! Alors, vérifie comment on dit certains **noms propres** (ton pays, ta ville, ta région…) !

À l'examen, on peut aussi te demander de répondre à un **petit questionnaire très simple** sur tes goûts, ta situation personnelle. C'est facile ! Tu peux même faire des **fautes** (pas trop quand même !)… **Elles ne comptent pas si l'erreur n'empêche pas de comprendre ta réponse** !

4 Pour t'inscrire au DELF, tu dois aussi compléter le questionnaire suivant.

CENTRE D'EXAMEN DELF–DALF	
Où étudiez-vous le français ?	
Vous étudiez le français depuis	………………… ans.
Vous pensez que votre niveau en français est	☐ moyen ☐ bon ☐ très bon.
Connaissez-vous d'autres langues étrangères ?	☐ Oui. Lesquelles ? ……………………… ……… ☐ Non.
Pourquoi voulez-vous passer le DELF ?	1. ☐ Pour avoir un vrai diplôme étranger. 2. ☐ Pour connaître mon niveau de français. 3. ☐ Pour le plaisir. 4. ☐ Autre : ……………………………………

C'est facile !
Passer le DELF, réussir le DELF…
Le vocabulaire de l'examen ➜ p. 95

DELF scolaire **A1**

Expression écrite

UNITÉ 1

1 Nom ou prénom ?

1. Classe les noms et les prénoms français dans le tableau.

> Depardieu   Hector   Mercier   Paola   Dubois   Livet   Jules   Garnier
> Casta   Dupont   Étienne   Caroline   Delon   Oscar   Roméo
> Lucas   Jeanne   Chirac   Pasteur   Amandine

Noms	Prénoms

2. Quels sont les noms et les prénoms les plus courants dans ton pays ? Fais une liste.

Noms	Prénoms

2 Pays et nationalités.

1. Connais-tu ces pays ? Trouve la nationalité correspondante et fais des phrases.
   Exemple : La France   *Je suis français(e).*

   a. La Belgique   ....
   b. L'Angleterre   ....
   c. L'Italie   ....
   d. L'Allemagne   ....
   e. L'Espagne   ....
   f. Le Portugal   ....
   g. Le Maroc   ....
   h. Le Japon   ....
   i. L'Australie   ....
   j. Le Brésil   ....

2. Connais-tu les capitales de ces pays ? Sais-tu dire leur nom en français ?

Expression écrite

3 Tu décides de t'abonner sur Internet à une revue consacrée aux jeux vidéo. Complète le formulaire en ligne.

> **Vidéo mag**, la revue qui vous informe de toutes les nouveautés.
> Profitez de l'offre spéciale pour vous abonner ! Vous recevrez en cadeau un jeu vidéo complet.
>
> Nom : VITREUX
> Prénom : ....
> Date de naissance : 4 septembre 19 ....
> Adresse : n°..............., rue ....
> Code postal : .... Ville : ....
> À quelle adresse électronique veux-tu recevoir la confirmation de ta commande ?
> Courriel : .... @ ....

4 Laura Calvet a 12 ans. Elle va en 6ᵉ au Collège Lavoisier de Paris.
Elle voudrait s'inscrire au Club photo. Elle doit remplir une fiche d'inscription.

> ## Collège Lavoisier – Club photo
> ### Fiche d'inscription
>
> Nom : ....
> Prénom : ....
> Date de naissance : ....
> Adresse : 50, rue du Pont Neuf
> Ville : ....
> Numéro de téléphone : 01 ....
> Numéro de portable : 06 ....
> Classe : ....
> Élève : ☐ Externe   ☐ Demi-pensionnaire
>
> As-tu déjà fait de la photo ?   ☐ Oui   ☐ Non
> As-tu un appareil photo ?   ☐ Oui   ☐ Non
> Si oui, de quel type ?   ☐ Traditionnel   ☐ Numérique

DELF scolaire A1

Expression écrite

UNITÉ 1

EXERCICES

5 Connais-tu ce personnage ? Il voudrait s'inscrire à un cours de musique. Fais une recherche et complète sa fiche d'inscription.

École de musique Silasol
Renseignements sur l'étudiant

Nom : ....
Prénom : ..Wolfgang.................................
Date de naissance : ....
Lieu de naissance : ....
Nationalité : ....

Savez-vous jouer d'un instrument ? ☐ Oui ☐ Non
Si oui, lequel ? ....
Quel est votre style de musique préféré ? ....

6 Wiki vient d'arriver sur la Terre. Il décide de s'inscrire à un cours de français dans une école de langues. Il doit remplir sa fiche de renseignements personnels.

Cours de langue française

Nom : ....
Prénom : ....
Nationalité : ....
Âge : ....
Adresse : ....
Profession : ....
Pourquoi voulez-vous apprendre le français ?
....

Cochez le cours choisi.
☐ Cours collectif ☐ Cours particulier ☐ Cours intensif

Hébergement : ☐ Oui ☐ Non

Cochez la formule choisie.
☐ En famille ☐ À l'hôtel ☐ En résidence universitaire

50 **DELF** scolaire **A1**

Expression écrite

Activités de classe

GRAND CONCOURS !
VENEZ PARTICIPER À L'ÉLECTION DE MISS ET MISTER « CRUDITÉ »
VENEZ NOMBREUX, L'INSCRIPTION EST GRATUITE !

1 Imagine les formulaires d'inscription au concours de ces curieux participants. Voici un exemple.

Inscription au concours de Miss Crudité

NOM : *Tomate* POIDS : *200 grammes*
PRÉNOM : *Belle* CARACTÉRISTIQUES : *colorée, fraîche*
ÂGE : *mûre* EMPLOIS : *salade, sauce...*
ADRESSE : *le jardin de Justin* RECETTE PRÉFÉRÉE : *les tomates farcies*

2 Les participants au concours vont défiler. Présente-les.

DELF scolaire **A1**

UNITÉ 2 — Expression écrite

Bien le bonjour de...

1 Lis le document.

> BAYONNE, LE 23 JUILLET...
>
> SALUT MANU,
> ÇA VA ?
> MOI, JE SUIS EN VACANCES CHEZ MES GRANDS-PARENTS. J'AI RETROUVÉ TOUS MES COUSINS ET JE M'AMUSE BEAUCOUP.
> ET TOI, COMMENT PASSES-TU TES VACANCES ?
> RÉPONDS-MOI VITE !
> À BIENTÔT,
>
> JULIEN

- Le lieu et la date
- une **formule d'accueil**... pour saluer le destinataire
- Le **texte**... pour parler de soi, de ses activités, raconter, s'informer...
- une **formule de congé**... pour terminer
- La **signature**... pour savoir qui écrit

2 Réponds aux questions.

1. Qui a écrit ce message ? ....
2. À qui ? ....
3. Le message vient de ....
4. Dans ce message, on parle
   a. ☐ de l'école   b. ☐ d'un chien   c. ☐ de vacances.

mon DICO

Une **carte postale**
Une **lettre**
Un message :
- électronique (**courriel** ou **mail** → p. 33)
- manuscrit (un **petit mot**, une **note**)

JE N'OUBLIE PAS

Pour écrire un petit texte...

Tu dois faire des phrases **courtes** et **simples**. Pour qu'elles soient **claires**, tu peux utiliser de petits mots comme **et** (pour lier les idées) ou **mais** (pour opposer deux idées)...

Ex. *Je nage, je fais du vélo **et** de la voile.*
  *Il ne fait pas beau, **mais** je m'amuse beaucoup !*

52 DELF scolaire A1

Expression écrite

Produire un petit texte (I) : j'écris une lettre, une carte postale ou un message

1. À l'examen, tu dois savoir **écrire un petit texte** simple : une **carte postale**, une **petite lettre** ou un message. Attention à ne pas oublier les **formules de politesse** et à **bien présenter** ! Rappelle-toi : **tu ne dois pas signer** avec ton vrai nom (➜ p. 45).
2. Relis attentivement la **consigne** : avant d'écrire, tu dois savoir **à qui** tu écris et **de quoi** tu dois parler.
3. C'est facile ! On te demande de parler de **situations de la vie quotidienne** (des vacances, une fête, un voyage). Et puis **tu ne dois pas écrire beaucoup** (environ 50 mots). Et tu peux **inventer** !

3 La classe de Julie est en voyage scolaire en Irlande. Le professeur d'anglais n'est pas venue : elle est tombée malade le jour du départ ! Imagine la carte que les élèves lui envoient...

Dublin, le ....

Chère ....

Notre voyage est .... Ici, le temps est ....
Nous .... et nous ....
Il y a .... mais ....

....

Les élèves de la 4ᵉ A

DELF scolaire A1

Expression écrite

UNITÉ 2

Un monde de légendes...

4 Observe l'image.

Choisis la légende qui correspond le mieux à cette image.

1. ☐ David et ses amis.
2. ☐ David fête son anniversaire avec tous ses amis.
3. ☐ David est élève de troisième au collège Pasteur de Nancy. C'est un bon élève et pour le récompenser, ses parents lui ont permis d'organiser une fête avec tous ses amis pour son anniversaire. Il a invité ses copains et a choisi le menu. Il a aussi choisi des CD pour écouter de la bonne musique. C'est une fête d'anniversaire géniale.

5 Observe les images.

1. ☐   2. ☐   3. ☐

Lis les légendes et écris a, b, ou c sous l'illustration correspondante.

a. La fête terminée, les amis de David s'en vont.
b. David doit nettoyer et remettre en ordre.
c. David est fatigué mais content : c'était une belle fête.

mon DICO

Légende
1. Histoire extraordinaire et merveilleuse
2. Petite phrase (7 à 10 mots max.) qui accompagne une image pour donner une explication

54 **DELF** scolaire A1

Expression écrite

Produire un petit texte (II) : j'imagine la légende d'une image

1. À l'examen, on peut te demander d'**imaginer la légende d'une image** (photo, dessin). Tu dois écrire **une petite phrase** pour expliquer ce que tu vois.
2. C'est facile ! Il suffit de bien **comprendre la situation** : Qui vois-tu ? Que fait-il / elle ? Où ? Quand ?... Attention ! La légende doit expliquer **toute l'image**, pas seulement un détail ! Et ne sois pas trop bavard ! (7-10 mots max.)

6 Voici d'autres images de la vie de David. Imagine leurs légendes. (7 à 10 mots).

1. .... 2. ....

3. .... 4. ....

JE N'OUBLIE PAS

Faire, **prendre** et **aller** sont des verbes que tu utilises souvent en français.
Ils sont **irréguliers** au présent. Entraîne-toi !

| Je fais | Je prends | Je vais |
| Nous faisons | Nous prenons | Nous allons |

DELF scolaire A1 55

Expression écrite

UNITÉ 2

1 Tu visites la Grèce avec tes parents. Tu envoies une carte postale à ta grand-mère. Tu racontes comment se passe ton séjour. (40 à 50 mots)

Athènes, le ....

Chère Mamie,
....
....
....
....
....

Madame ....
....
....
....
....

2 a. Manu est en vacances à Cannes, au camping « Les Sables d'Or ». Il envoie une carte postale à son ami Cédric. Rédige la carte postale. (40 à 50 mots)

b. Cédric passe ses vacances chez sa tante qui a un gîte rural à Grust, un petit village dans les Pyrénées. Il répond à Manu.
Imagine sa carte postale. (40 à 50 mots)

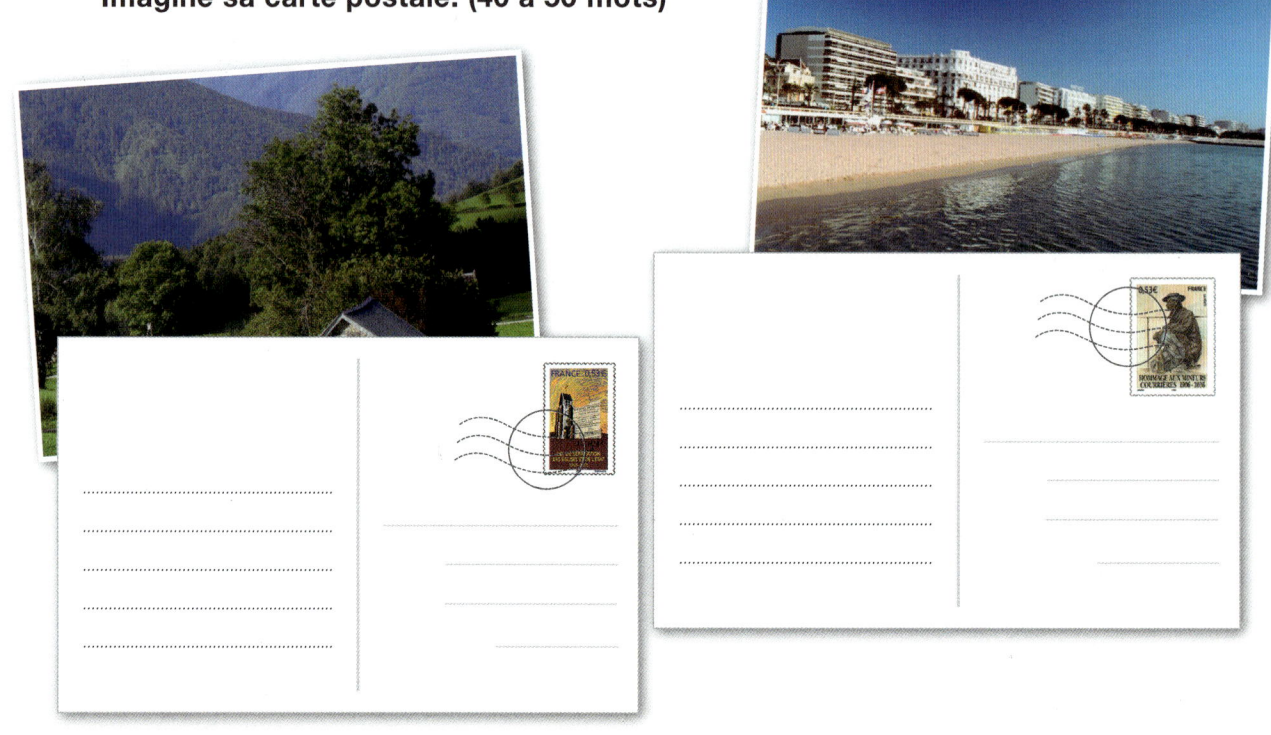

56 DELF scolaire A1

Expression écrite

3 Tu as visité la capitale de ton pays avec ta classe. Envoie une carte postale à ton correspondant français.
(40 à 50 mots)

4 Ton ami(e) a déménagé dans une autre ville.
   a. Tu lui envoies une petite lettre pour lui demander de ses nouvelles (famille, école, santé...). (40 à 50 mots)
   b. Ton ami(e) te répond. Il / Elle a la nostalgie de son ancienne ville, de ses camarades, de son école... Imagine sa lettre. (40 à 50 mots)

5 C'est l'anniversaire de ton professeur de français. Avec tes camarades, vous décidez de lui envoyer une petite carte. (20 mots environ)

6 Tu as la fièvre et tu dois rester à la maison pendant une semaine. Tu envoies un courriel à ton ami(e) pour lui dire que tu es malade et que tu ne viendras pas à l'école. Tu lui demandes également de te communiquer les devoirs à faire.
(40 à 50 mots)

7 Tu reçois le courriel ci-dessous. Malheureusement, tu ne peux pas aller à la fête de Benoît : tu as un devoir de maths lundi matin, et tu dois absolument réviser tout le week-end. Écris un courriel pour lui répondre. (40 à 50 mots)

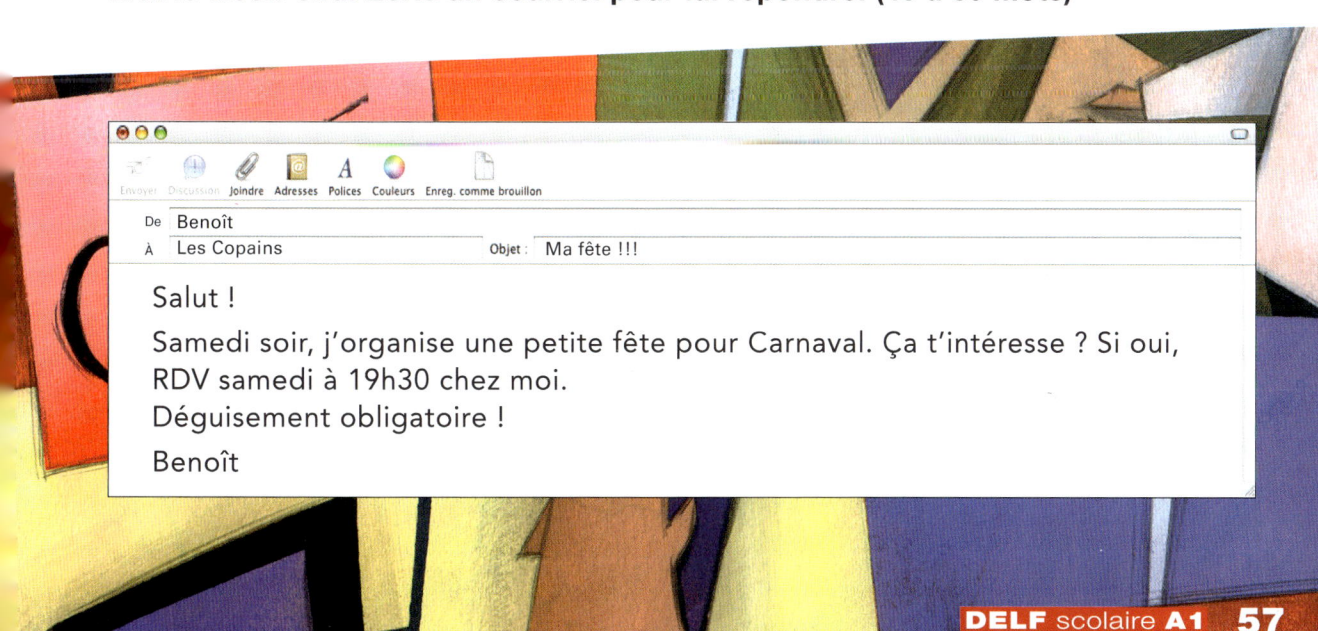

De : Benoît
À : Les Copains
Objet : Ma fête !!!

Salut !
Samedi soir, j'organise une petite fête pour Carnaval. Ça t'intéresse ? Si oui, RDV samedi à 19h30 chez moi.
Déguisement obligatoire !
Benoît

DELF scolaire A1 — 57

Expression écrite

UNITÉ 2

EXERCICES

8 a. À la sortie du collège, tu ne trouves plus ton vélo : quelqu'un te l'a volé ! Tu ne sais pas comment rentrer à la maison. Tu envoies un texto à ton grand frère pour lui demander de venir te chercher. (25 à 30 mots)

b. Ton grand frère est à l'entraînement de basket, il ne peut pas venir. Il t'envoie un texto pour te conseiller de prendre le bus. Imagine son message. (environ 20 mots)

9 Tu as prêté tes rollers à ta sœur, mais elle a oublié de te les rendre. Tu dois participer à une course avec tes amis et tu en as absolument besoin. Tu laisses un petit message sur son bureau. (40 à 50 mots).

10 Yann n'a pas bien dormi car le chien de la voisine a aboyé toute la nuit. Le matin, il est de mauvaise humeur et écrit un message qu'il met dans la boîte aux lettres de la voisine. (40 à 50 mots)

11 La mère de Pauline va faire des courses. Elle écrit un message à Pauline pour lui dire ce qu'il y a pour le goûter. Imagine son message. (30 à 40 mots)

12 Tu joues au foot avec tes amis dans la rue. Malheureusement, tu tires un peu trop fort et tu casses une fenêtre de la maison du voisin. Comme il n'est pas chez lui, tu décides de lui laisser un petit mot pour lui expliquer ce qui s'est passé. (40 à 50 mots)

13 Les légendes ci-dessous ont perdu leurs images. Cherche une illustration (photo ou dessin) pour chaque légende.

a. Julie et Marine passent la journée à la mer.
b. Philippe se promène avec son chien dans le parc.
c. Charlotte essaie une nouvelle robe pour aller danser.
d. Simon et ses amis mangent au restaurant.

14 Cherche des photos qui représentent des moments particuliers de ta vie (la famille, l'école, tes amis / amies...) et écris des légendes pour chaque photo.

DELF scolaire A1

Expression écrite

15 Observe les images et écris une petite légende pour chacune. (7 à 10 mots)

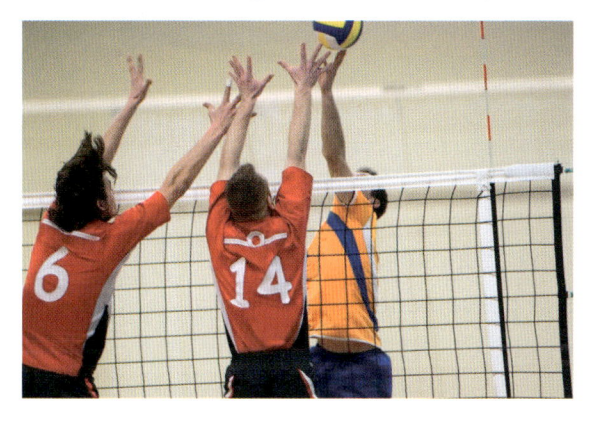

1. .... 2. ....

3. .... 4. ....

Activités pour la classe

1 Un groupe a fait naufrage sur une île déserte. Chaque personne jette une bouteille à la mer avec un message à l'intérieur. Avec tes camarades, imagine le message de chaque naufragé selon son caractère.
- Le désespéré est convaincu que personne ne les retrouvera.
- L'enthousiaste se réjouit de cette aventure. Il n'a pas hâte de s'en aller.
- Le curieux explore l'île dans tous ses recoins.
- Le scientifique observe les plantes et les animaux qu'il découvre.
- Le fainéant se croit en vacances et laisse tous les travaux aux autres.

2 Et toi, si tu te trouvais sur une île déserte, quel(s) message(s) mettrais-tu dans les bouteilles ?

DELF scolaire **A1**

Expression écrite

BILAN

Es-tu prêt(e) à passer l'épreuve ?

Indique avec ✗ ce que tu sais faire.

FACILE   Oui Non

1. Je comprends un formulaire.   ☐   ☐
2. Je sais compléter un formulaire.   ☐   ☐
3. Je comprends les consignes et les situations proposées.   ☐   ☐
4. Je sais utiliser les formules correctes dans la présentation
   d'une carte postale ou d'une petite lettre.   ☐   ☐

PLUS DIFFICILE

5. Je sais utiliser les formules de politesse.   ☐   ☐
6. Je sais donner des informations sur moi-même et mes activités.   ☐   ☐
7. Je sais décrire des situations simples.   ☐   ☐

                                                                      Total   ☐   ☐

Si tu as au moins quatre réponses positives, tu es prêt(e) ! Sinon... tu dois encore travailler !

Le jour de l'épreuve...

1 Organise-toi...

Tu as **30 minutes** pour écrire ton texte et recopier !

Rappelle-toi que ton brouillon ne peut pas être corrigé !

2 Quelques conseils...

- Lis attentivement la consigne avant de commencer. As-tu bien compris ce qui est demandé ?
- Garde un peu de temps à la fin pour relire et corriger ton texte !
- Soigne la présentation ! Pense à la personne qui corrige !

3 Comment est calculée ta note ?

L'examinateur utilise une grille d'évaluation qui lui permet de voir :

- ce que tu sais faire (compléter un formulaire, écrire des phrases simples...) ;
- comment tu le fais (tu utilises les règles de grammaire et le vocabulaire que tu as étudiés).

Expression orale

À toi la parole !

Épreuve : *Oral individuel* (Attention ! Cette épreuve est composée de trois parties)
Préparation : 10 mn (Attention ! Seulement pour les parties 2 et 3)
Durée de l'examen : 5 à 7 mn

L'oral individuel, qu'est-ce que c'est ?

Si tu rencontres un(e) français(e), est-ce que tu peux parler avec lui (elle) sans problèmes ? Si c'est le cas, tu es prêt(e) pour l'épreuve de **production orale** !

L'épreuve est **individuelle** : tu seras seul avec le professeur de langue maternelle qui t'interroge.

Que dois-tu faire ?

Tu dois parler et faire des phrases correctes... en français bien sûr !

L'épreuve s'organise en trois parties.

Pour **faire connaissance**...
- tu **réponds aux questions du professeur pour te présenter** ;
- tu **poses des questions au professeur**.

Pour **dialoguer**...
- tu joues avec le professeur **une petite scène** de la vie quotidienne (dans un magasin, au café, au restaurant...).

PAS DE PANIQUE !

◆ L'examinateur est là pour te noter, mais aussi pour **t'aider** ! (→ p. 81).

◆ Tu pourras **prendre des notes** durant la préparation (pour les parties 2 et 3) et les utiliser durant l'épreuve.

◆ En tout, tu devras parler **5 à 7 minutes** seulement ! Pas de quoi paniquer...

DELF scolaire **A1** 61

UNITÉ 1

Expression orale

Bonjour !

> Votre prénom s'écrit S.Y.L.V.A.I.N. ?
>
> Vous êtes ou lycée ou au collège ?
>
> Bonjour, je m'appelle Sylvain. J'ai 14 ans.
>
> Oui, tout à fait.
>
> Je suis au collège, en quatrième.

Bibliothèque municipale

1 Associe les réponses aux questions.

1. ☐ Comment s'appelle-t-il ?
2. ☐ Quel âge a-t-il ?
3. ☐ En quelle classe est-il ?
4. ☐ Comment s'écrit son prénom ?
5. ☐ Est-ce qu'il est au lycée ?

a. Ça s'écrit S.Y.L.V.A.I.N.
b. Il est en quatrième.
c. Non, il est au collège.
d. Il est jeune ! Il a 14 ans.
e. Il s'appelle Sylvain.

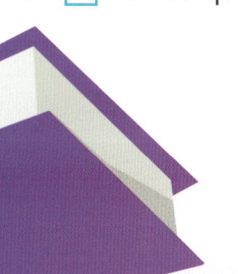

mon DICO

Pour te présenter...
le **nom** (de famille), le **prénom**, l'**âge**
un(e) **étudiant** ≠ un(e) **élève**

JE N'OUBLIE PAS

*Ce **n'est pas** un nom.*
En français, la négation est composée de deux éléments : **ne** et **pas**.
Connais-tu d'autres négations en français ?

62 **DELF** scolaire **A1**

Expression orale

Échanger des informations (I) : je réponds aux questions

À l'examen, l'examinateur te pose **des questions très simples** pour **faire connaissance**. Tu dois **te présenter et parler** de toi, de ta famille, de tes goûts.

Le club Lecture
Fiche d'inscription
Nom : Bertim
Prénom : Sylvain
Nationalité : française
Profession : lycéem

2 Remplis ta fiche personnelle.

NOM PRÉNOM
....
....
• Tu t'appelles comment ?
Comment ça s'écrit ?

NATIONALITÉ
....
....
• Quelle est ta nationalité ?

ADRESSE
....
....
• Où habites-tu ?
Chez toi, c'est comment ?

TA FAMILLE
....
....
• Peux-tu parler de ta famille ?
As-tu des frères et sœurs ?

PROFESSION / ÉTUDES
(collège, lycée)
....
• Tu es dans quelle classe ?
Quelles sont tes matières préférées ?

GOÛTS / ACTIVITÉS
(passions, hobbies, sports...)
....
• Qu'est-ce que tu aimes faire le week-end ?
As-tu des passions ?

3 Maintenant, à toi de te présenter !

4 Aujourd'hui, c'est le jour de l'examen et... c'est toi l'examinateur ! Peux-tu poser des questions à tes camarades ?

C'est facile !
Sais-tu épeler ton nom et ton prénom ? → p. 73
Comment remplis-tu un formulaire ? → p. 47

DELF scolaire **A1**

Expression orale

UNITÉ 1

Tu sors ce soir ?

5 Quelles sont les questions que le père pose à son fils ? Coche la case qui convient.

1. a. ☐ Quelle heure est-il ?
   b. ☐ Tu rentres à quelle heure ?
   c. ☐ À quelle heure prends-tu ton petit-déjeuner demain matin ?

2. a. ☐ Est-ce que tu aimes ma nouvelle voiture ?
   b. ☐ Tu sors en voiture ?
   c. ☐ Veux-tu une voiture pour ton anniversaire ?

3. a. ☐ Tu vas manger une pizza ou tu vas au cinéma ?
   b. ☐ Est-ce que tu aimes la pizza ?
   c. ☐ Quelle est ta pizza préférée ?

JE N'OUBLIE PAS

En français, pour poser des questions, j'utilise
(La réponse est OUI ou NON)

- l'intonation   Tu sors ce soir ?
- l'expression *est-ce que*   Est-ce que tu sors ce soir ?
- l'inversion du sujet   Sors-tu ce soir ?

DELF scolaire **A1**

Expression orale

Échanger des informations (II) : je pose des questions

Maintenant, c'est à toi de **poser des questions** ! C'est facile : l'examinateur te propose des **cartes** avec les **mots-clés** que tu dois utiliser.

6 Utilise les mots proposés à la page précédente, et imagine les questions que pose la mère de Kevin.

7 À ton tour de poser des questions !
   a. Utilise les mots-clés pour interroger ton voisin !

   b. Imagine d'autres questions à poser à tes camarades !

JE N'OUBLIE PAS

En français, pour poser des questions, j'utilise
(La réponse n'est pas OUI ou NON)
 des **mots interrogatifs** pour savoir :
- **qui fait** l'action : **qui ? quel ? lequel ?**
- comment se fait l'action : **où ? quand ? comment ? pourquoi ?**...

DELF scolaire **A1**

Expression orale

UNITÉ 1

Parler de soi et des autres

Répondre aux questions. (1ère partie)

1 La famille

1. Qui sont-ils ? Imagine !
   Sur cette photo, on voit...

2. Peux-tu parler de ta famille ?
   Apporte une photo et présente-la
   à tes camarades.
   Dans ma famille, il y a...

3. Choisis une personne de ta famille que tu aimes bien et fais son portrait...
   Je vais parler de...

2 a Qui est entré à l'école et a volé tous les dictionnaires de français ? Voici le portrait-robot donné par un témoin. Peux-tu reconnaître le coupable parmi les photos proposées ?
   b À ton tour ! Fais le portrait-robot d'un camarade et demande à la classe de le reconnaître.

Portrait-robot

Silhouette	
[X] grand	[ ] plutôt gros
[ ] petit	[X] plutôt mince
[ ] taille moyenne	[ ] musclé

Cheveux	
[X] blonds	[X] courts
[ ] roux	[ ] longs
[ ] noirs	[ ] frisés
[ ] châtains	[ ] raides

Yeux	
[X] bleus	[ ] marron
[ ] noirs	[ ] verts

Signes particuliers	
[ ] cicatrices	[ ] grains de beauté
[X] lunettes	[ ] taches de rousseur

66 **DELF** scolaire **A1**

Expression orale

3 **Peux-tu parler de ton (ta) meilleur(e) ami(e) ?**

Mon/Ma meilleur(e) ami(e) s'appelle...

4 **Grand sondage : les jeunes d'aujourd'hui.**
À la question « Quel est l'adjectif qui décrit le mieux les jeunes aujourd'hui ? », les ados répondent :

Qualités		Défauts	
Sympathiques	37%	Superficiels	49%
Généreux	24%	Vaniteux	28%
Ouverts	17%	Hypocrites	14%
Dynamiques	12%	Paresseux	7%
Honnêtes	10%	Timides / complexés	2%

1. Que penses-tu de ce sondage ? Selon toi, quels sont les défauts et les qualités des jeunes d'aujourd'hui ?

2. Et toi ? Quelles sont tes qualités et tes défauts ?

3. Quelles sont les qualités les plus importantes et les défauts les plus insupportables d'un(e) ami(e) ?

5 **Personnages...**

1. Présente ces personnages.

Léonard de Vinci
Inventeur italien
(1452-1519)

W. A. Mozart
Musicien autrichien
(1756-1791)

Marie-Antoinette
Épouse de Louis XVI
(1755-1793)

2. Choisis (dans un magazine, par exemple) la photo d'un personnage célèbre que tu aimes et présente-le.

Je vais vous présenter...

EXERCICES

Expression orale

UNITÉ 1

Habiter / Vivre à... dans...

1 Chloé écrit à sa correspondante. Attention ! Il y a plusieurs réponses. Lis son message et réponds aux questions.

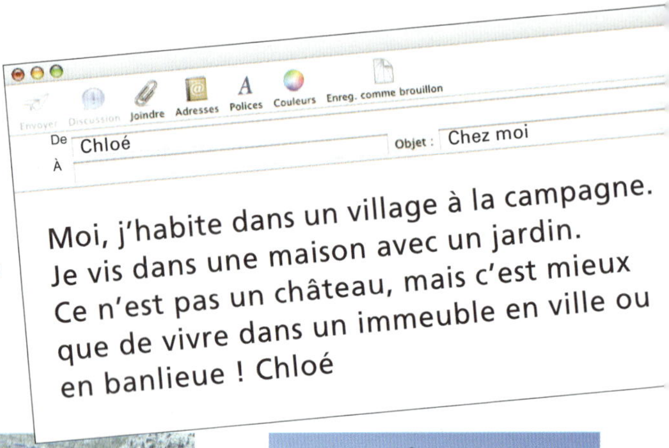

De : Chloé Objet : Chez moi
À :

Moi, j'habite dans un village à la campagne. Je vis dans une maison avec un jardin. Ce n'est pas un château, mais c'est mieux que de vivre dans un immeuble en ville ou en banlieue ! Chloé

1. Chloé vit

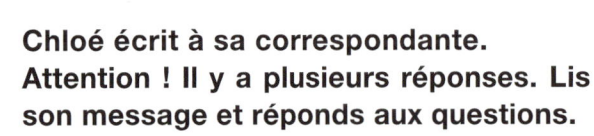

a. ☐ au bord de la mer    b. ☐ en montagne    c. ☐ à la campagne

d. ☐ dans une ville    e. ☐ en banlieue    f. ☐ dans un village

g. ☐ dans un immeuble    h. ☐ dans une maison    i. ☐ dans un château

2. Voici la maison de Chloé. Peux-tu compléter le plan ?

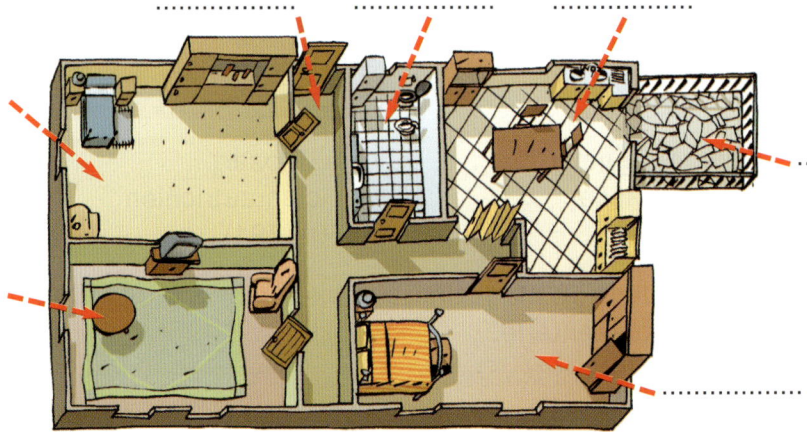

68 **DELF** scolaire A1

Expression orale

3. Et toi ? Où vis-tu ? Parle de l'endroit où tu habites, de ta maison, de ton appartement...

   J'habite dans...

4. Peux-tu décrire ta chambre ?

   Dans ma chambre, il y a...
   - [ ] un lit
   - [ ] un bureau
   - [ ] une armoire
   - [ ] une télé
   - [ ] un ordinateur
   - [ ] des livres
   - [ ] des posters / des photos
   - [ ] une console de jeux
   - [ ] une chaîne hi-fi / des CD

   Et quoi encore... ? À toi de continuer !

2 Sur la carte...

1. Où vivent ces adolescents ?
   Place chaque lettre sur la carte.

   a. **Élise** : « Moi j'habite dans une très grande ville, Lille, près de la Belgique. Il y a un TGV qui va à Londres par le tunnel. »

   b. **Erwan** : « Je suis breton ! Ma région est à l'ouest de la France : on mange des crêpes et on boit du cidre ! »

   c. **Marianne** : « Je vis **en Aquitaine** avec ma famille. C'est loin **de Paris**, mais je peux aller **en Espagne** quand je veux. »

   d. **Djamal** : « Moi je vis **dans l'est** de la France, en **Lorraine**... comme Jeanne d'Arc. »

2. Et toi ? Explique où tu habites.

   Moi, j'habite en...

JE N'OUBLIE PAS

En ? Dans ? Tu emploies quelle préposition ?

*Je vis **en** Aquitaine. Je vis **dans le** Nord.*

En général, on emploie **en** devant un nom propre de lieu (pays ou région) **au féminin**.

DELF scolaire A1 **69**

EXERCICES

Expression orale

UNITÉ 1

Activités en classe

1 L'immeuble

Voilà l'immeuble où tu habites.
a. Peux-tu présenter tes voisins ?
b. Certains appartements sont vides. Qui pourrait y habiter ? À toi d'imaginer !
c. Il y a d'autres étages dans l'immeuble... Imagine.

RÉSIDENCE DU PARC
14, Rue des Roses

Famille Charlus
3 enfants
M. : architecte
Mme : femme au foyer

Laure Gustin et Frédéric Lapierre
28 ans et 32 ans
Elle : Médecin
Lui : Employé

Monsieur Lantier
Célibataire
37 ans
chômeur

Madame Amiot
Divorcée
55 ans
Enseignante

Mademoiselle Moreau
Fiancée
22 ans
Étudiante en droit

Madame Nersac
Veuve
82 ans
Retraitée

DELF scolaire A1

Expression orale

2 Travailler... et se distraire !

Lundi	Mardi	Mercredi	Jeudi	Vendredi
9h	9h	9h	9h	9h
10h *Devoir de maths*	10h	10h	10h	10h
11h	11h	11h	11h	11h
12h *Déjeuner cantine*	12h	12h	12h	12h
13h	13h	13h	13h	13h
14h	14h	14h	14h	14h
15h	15h	15h	15h	15h
16h	16h	16h	16h	16h
17h *Révisions chez Julien*	17h	17h	17h	17h

1. Quel est ton emploi du temps ? Parle de ta journée scolaire type : à quelle heure tu te lèves, ce que tu prends au petit-déjeuner, comment tu vas à l'école...

Le matin, je me lève à...

2. Et si tu pouvais choisir...

a. En classe. Imagine l'emploi du temps d'une journée idéale en indiquant seulement les cours et les matières que tu préfères. Puis compare avec tes camarades.

b. Quels sont tes projets pour le week-end ? Choisis et présente ton programme.

☐ Cinéma ☐ Pizza ☐ Activité sportive ☐ Promenade ☐ Lecture
☐ Télé   ☐ Chat   ☐ Jeux vidéo   ☐ Piscine   ☐ Musée

Et quoi encore... ? À toi de continuer !

EXERCICES

DELF scolaire **A1**

Expression orale

UNITÉ 1

EXERCICES

Poser des questions (2ᵉ partie)

3
1. Une interview... Imagine les questions que tu aimerais poser à ta star préférée. Tu peux t'aider des mots suivants : célèbre, riche, public...

2. Ta classe prépare un échange scolaire.

a. Pour préparer les questions à poser, tu notes des mots-clés dans ton agenda...

b. Quelles questions poses-tu à tes camarades français dans ta prochaine lettre ?

Fiancée ? Mariée ? Célibataire ? Pacsée ?

ÉCHANGE
ACTIVITÉS :
LOISIRS :
REPAS :

4 Rendez-vous dans les étoiles

Les extraterrestres ont débarqué sur la Terre ! Un groupe de Terriens doit les rencontrer : c'est ta classe qui est choisie !
1. Extraterrestres et Terriens préparent les questions qu'ils veulent poser.
2. Extraterrestres et Terriens se rencontrent. Ils se présentent et... font connaissance. Joue la scène avec tes camarades.

72 DELF scolaire A1

Fiche de révision

La prononciation du français ? Facile !

Je révise l'alphabet !

1 Écoute attentivement l'enregistrement et répète.

A	B	C	D	E	F	G	H	I	J	K	L	M	N
[a]	[be]	[se]	[de]	[ə]	[ɛf]	[ʒe]	[aʃ]	[i]	[ʒi]	[ka]	[ɛl]	[ɛm]	[ɛn]

O	P	Q	R	S	T	U	V	W	X	Y	Z
[o]	[pe]	[ky]	[ɛʀ]	[ɛs]	[te]	[y]	[ve]	[dublǝve]	[iks]	[iɡʀɛk]	[zɛd]

Je m'appelle Dupont. D U P O N T.

2 Et toi ? Sais-tu épeler ton prénom et ton nom ?

3 Écoute attentivement l'enregistrement et coche la bonne case.

Excusez-moi, je n'ai pas bien compris. Pouvez-vous épeler votre nom, s'il vous plaît ?

1. a. ☐ Sinclair   2. a. ☐ Durond   3. a. ☐ Pierret   4. a. ☐ Fauve
   b. ☐ Saclair   b. ☐ Durant   b. ☐ Pionnier   b. ☐ Faure

Je révise les voyelles ! Souviens-toi ! Quelquefois, ce que tu vois écrit n'est pas ce que tu lis !

Je vois...	Je prononce...	Comme...
au / eau	[o]	**au**tomobile, chap**eau**
ai / ei	[ɛ]	l**ai**t, r**ei**ne
e / eu	[ɵ]	j**e**, f**eu**
y	[i]	il **y** a
u	[y]	t**u**
ou	[u]	n**ou**s
oi	[wa]	m**oi**

4 Écoute attentivement l'enregistrement et complète les mots suivants avec les voyelles qui manquent.

1. ...s...   2. c...t...   3. p...r   4. l...ne   5. p...gne   6. c...c...   7. t...t...   8. f...re   9. n...r

Et la voyelle *e* ? Attention aux accents !

é [e] **fermé**	è [ɛ] **ouvert**	ê [ɛ] **ouvert**
ép**é**e	fr**è**re	**ê**tre

5 Les mots suivants ont perdu leurs accents. Peux-tu les replacer ?

1. the   2. mere   3. foret   4. cafe
5. chevre   6. eleve   7. fete   8. fee

Je révise les nasales !

an / en   **en**fan**t**, **an**glais   on   s**on**   ain / ein / in / un   améric**ain**, fr**ein**, v**in**, Verd**un**

DELF scolaire **A1**

Expression orale

UNITÉ 2

Dur de choisir !

Aujourd'hui, Julie fait des achats : elle veut renouveler sa garde-robe !

1 Peux-tu compléter ce dialogue en ajoutant les mots qui manquent ?

| taille | Bonjour | désolée | essayer | article | merci |

Vendeuse : Bonjour, Mademoiselle, je peux vous aider ?
Julie : ...., Madame, j'ai vu un pantalon noir qui me plaît. Je peux l'................ ?
Vendeuse : Bien sûr ! Quelle est votre .... ?
Julie : M.
Vendeuse : Je suis .... Je n'ai plus cet .... en taille M. Je peux vous proposer la même chose en rouge ou en blanc.
Julie : Non. Je n'aime pas ces couleurs.
Vendeuse : Et ce nouveau modèle ? Il est plus élégant, et moins cher que l'autre !
Julie : Non, ... Il ne me plaît pas. Au revoir !

2 Le dialogue est-il complet ? Maintenant, joue la scène avec un(e) camarade. Tu peux imaginer plusieurs « versions » : Julie trouve un modèle qui lui plaît, elle décide aussi d'acheter un chemisier...

mon DICO

Pour parler de tes goûts
J'aime, je préfère, j'adore, je déteste...

JE N'OUBLIE PAS

Il est **plus** élégant
C'est **aussi** cher   } QUE...
Il est **moins** cher
C'est **très** à la mode.

74 DELF scolaire A1

Expression orale

Dialoguer (I) : je choisis

Pendant l'épreuve, le professeur te proposera de « **jouer** » **une scène de la vie quotidienne** : dans ce « **jeu de rôle** », **tu es le client** et tu dois **acheter** un objet (dans une boutique, au marché) ou **passer une commande** (dans un café, un restaurant…).

Attention ! Le professeur joue le rôle du commerçant ou de l'employé qui répond à tes questions, et il t'aide à choisir !

Je n'ai rien à me mettre !

3 La mode et toi… Dans ton armoire, qu'est-ce qu'il y a ? Quelle est ta tenue préférée ?

Dans mon armoire, il y a…
Je préfère m'habiller avec…

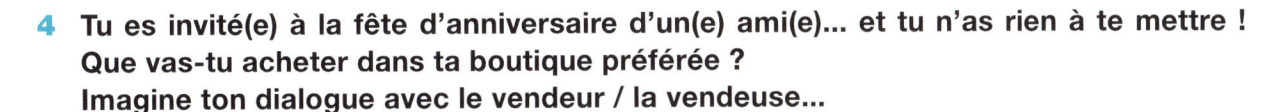

4 Tu es invité(e) à la fête d'anniversaire d'un(e) ami(e)… et tu n'as rien à te mettre ! Que vas-tu acheter dans ta boutique préférée ? Imagine ton dialogue avec le vendeur / la vendeuse…

Bonjour, je voudrais…

Test QUEL CLIENT ES-TU ?

1 À mon avis, il vaut mieux acheter
- ▼ dans un supermarché ou un discount.
- ● dans un petit magasin ou une boutique.
- ✖ sur Internet.

2 Pour moi, l'important c'est
- ● la qualité.
- ▼ le prix.
- ✖ le choix.

3 Selon moi, l'idéal c'est de payer
- ▼ par chèque.
- ● en espèces.
- ✖ par carte de crédit.

RÉSULTATS

Plus de ▼ : Tu es un client prudent.
Ta priorité : faire des économies !

Plus de ✖ : Tu es un client « branché ».
Ta priorité : acheter vite !

Plus de ● : Tu es un client « classique ».
Ta priorité : bien acheter !

C'est facile !
TU… VOUS ?
Pour les formules de politesse → p. 81

DELF scolaire A1   75

UNITÉ 2

Expression orale

C'est combien ?

Café de la Tour
Prix des consommations
Café 2,50€
Chocolat chaud 4,60€
Thé 4,20€
Jus de fruits 4,10€
Bière 4,40€

5 Que disent les personnages de cette BD ?
Retrouve leur dialogue dans le tableau suivant.

Le serveur
1. Voilà, ça fait 3 euros.
2. Bonjour ! Qu'est-ce que vous prenez ?
3. Vous êtes à Paris, Mademoiselle !
4. Vous n'avez pas de monnaie ?

La cliente
5. C'est cher, Paris !
6. Désolée, j'ai seulement un billet de 50 euros.
7. Bonjour ! Je voudrais un café et un verre d'eau, s'il vous plaît.
8. Combien ??!!!

mon DICO

Pour payer...
Je demande **l'addition**.
Je cherche **la monnaie**.
J'ai un (des) **billet**(s) et une (des) **pièce**(s).
Je **dépense** ≠ Je **fais des économies**.

JE N'OUBLIE PAS

Je voudrais **de l'eau**.
Avec les prépositions *à* et *de*, certains articles se contractent !
DE + LE (L') = **DU**   À + LE = **AU**
DE + LES = **DES**   À + LES = **AUX**

76 **DELF** scolaire A1

Expression orale

Dialoguer (II) : je paie

À l'examen, tu as **des documents** pour t'aider : regarde bien les **images** ! Elles te donnent **toutes les informations** nécessaires : les articles au choix, les prix… et les euros pour payer ! Et puis, tu as 10 minutes pour te préparer !

6 Toi aussi, tu es à Paris et tu as faim. Tu entres dans une brasserie, tu demandes le menu et les prix. Tu passes ta commande.

7 Remets les actions dans le bon ordre !

Je fais des courses…
- ☐ Je remercie et je salue (en partant).
- ☐ Je paie.
- ☐ Je choisis.
- ☐ Je demande ce que je veux (articles, produits…).
- ☐ Je salue (en arrivant).
- ☐ Je demande le prix.
- ☐ Je demande des informations sur les articles (couleur, taille, quantité…).

DELF scolaire **A1** 77

Expression orale

UNITÉ 2

EXERCICES

1 J'aime... je n'aime pas

1. À toi de le dire !

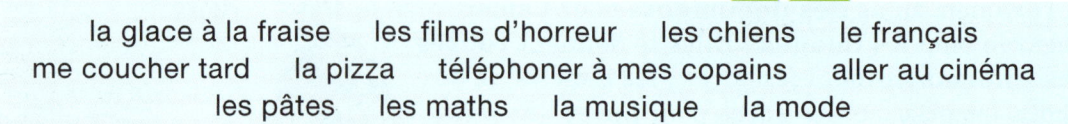

> la glace à la fraise   les films d'horreur   les chiens   le français
> me coucher tard   la pizza   téléphoner à mes copains   aller au cinéma
> les pâtes   les maths   la musique   la mode

2. Forum de classe.
   a. Écris sur un morceau de papier les mots proposés ci-dessus puis plie le papier. Fais tirer au sort tes camarades. Chacun devra donner son avis.
   b. Présente les résultats du sondage.

La classe		
n'aime pas du tout... (déteste)	aime bien...	aime beaucoup... (adore)

un peu   beaucoup   pas du tout   à la folie   passionnément

2 Mon quartier

1. Dans quel magasin vas-tu pour acheter
   a. du pain et des gâteaux ? ....
   b. de la viande ? ....
   c. du poisson ? ....
   d. des produits d'alimentation ? ....
   e. des livres, des journaux, des articles pour l'école ? ....
   f. des vêtements ? ....
   Pour acheter du / des ...., je vais à la / chez le ....

2. Que peux-tu faire encore dans ce quartier ? *Dans ce quartier, je peux...*

3. Dans ce quartier, il n'y a pas de .... Que veux-tu ajouter ?
   Je propose d'ajouter...

DELF scolaire A1

Expression orale

EXERCICES

3 C'est ton anniversaire et tu veux faire un gros gâteau. Voici ta recette. Tu vas faire les courses et tu paies. Joue la scène avec un camarade.

Fondant au chocolat
✓ 200 g de chocolat (1 tablette)
✓ 100 g de beurre
✓ 4 œufs
✓ 60 g de farine
✓ 120 g de sucre en poudre

Le temps de cuisson va dépendre du fondant que vous souhaitez ! Un dessert délicieux pour les amoureux du chocolat... Ne résistez pas !

4 C'est la rentrée ! Tu vas dans une papeterie et tu choisis les fournitures scolaires dont tu as besoin. N'oublie pas de payer !

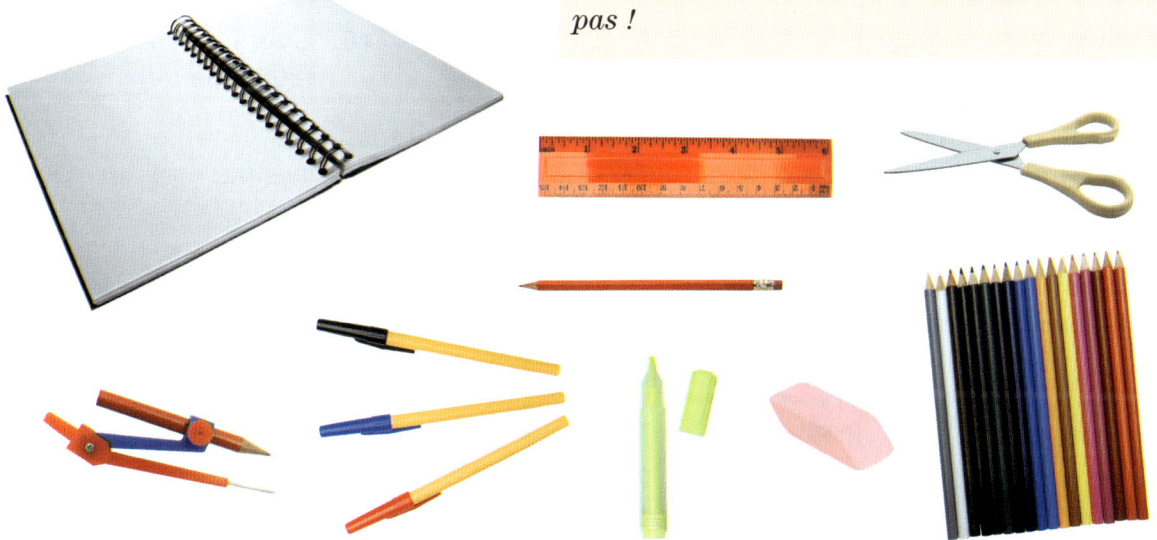

5 Tu es en France dans un magnifique village de vacances ! Voici les différentes activités qui te sont proposées.

1. Deux randonnées / sem. équipement compris (25€)

2. Ouverte tlj (entrée 2€, abonnement semaine : 12€)

3. Tous les après-midi (30€ / sem.)

DELF scolaire **A1**   79

Expression orale

UNITÉ 2

4. Cours tous niveaux
(20€ / trois cours)

5. 90€ la semaine

6. Cours tous niveaux
(20€ / heure)

    a. Tu demandes des renseignements sur ces activités.
    b. Tu demandes le prix.
    c. Tu choisis et tu t'inscris pour participer.

6 C'est l'anniversaire de ton frère qui est passionné de technologie. Tes parents te laissent choisir son cadeau. Voici ce que l'on te propose dans le magasin.

    a. Tu demandes des renseignements sur ces articles.
    b. Tu demandes le prix.
    c. Tu choisis et tu achètes. N'oublie pas de payer !

Activité en classe

1 **La pizzeria du samedi soir**

    a. Tu prépares la scène : tu choisis le nom de la pizzeria, tu rédiges le menu, tu fixes les prix.
    b. Tu distribues les rôles : le personnel (le pizzaiolo, les serveurs, le patron), les clients.
    c. Tu joues la scène avec tes camarades.

Les formules de politesse

Dans la vie de tous les jours...

Les Français sont des gens polis : ils utilisent TU seulement en famille ou entre amis (surtout les jeunes !). Quand ils ne se connaissent pas bien, ils disent VOUS. Le jour de l'epreuve, rappelle-toi : tu ne connais pas l'examinateur, alors **il faut dire VOUS** !

Dans un magasin, ou au café on ne dit pas *je veux*, mais *je voudrais*. C'est plus poli ! C'est le **conditionnel de politesse**.

Quelquefois, les Français oublient les bonnes manières et, pour **aller vite** quand ils écrivent ou quand ils parlent, ils utilisent le style familier (➜ p. 27), mais aussi des **sigles** et des **abréviations** (➜ p. 34-36).

Le jour de l'épreuve...

■ Attention ! **Toutes les consignes des exercices de l'épreuve sont à la 2e personne du pluriel** (formule de politesse). C'est normal, les professeurs qui ont préparé le DELF ne connaissent pas les candidats ! Pour t'entraîner, tu as l'examen blanc (➜ p. 83).

■ Le jour de l'oral, le professeur peut t'aider... si tu le demandes poliment !
Voici quelques expressions utiles :

Je ne connais pas le mot en français.
Je ne sais pas le dire en français.
S'il vous plaît, comment dit-on en français ?
Excusez-moi... Je n'ai pas entendu.
Vous pouvez répéter, s'il vous plaît ?
Je peux recommencer ? Je me suis trompé(e) !

■ Et n'oublie pas de dire « bonjour » quand tu arrives... et « au revoir » quand tu t'en vas !

Expression orale

BILAN

Es-tu prêt(e) à passer l'épreuve ?

Indique avec X ce que tu sais faire.

FACILE

Oui Non

1. Je sais me présenter simplement.
2. Je sais présenter un membre de ma famille, un ami.
3. Je sais dire où j'habite, décrire mon logement, ma ville, mon village...
4. Je sais parler de ma vie quotidienne, raconter une journée en classe, une soirée avec les amis, décrire les activités de mon week-end.
5. Je sais poser des questions simples à l'examinateur.

PLUS DIFFICILE

6. Je suis capable de dialoguer dans un « jeu de rôle » : poser des questions, répondre à l'examinateur.
7. Je sais utiliser des documents pour préparer le jeu de rôle.
8. Je connais les formules de politesse.

Total

Si tu as plus de 4 réponses positives, tu es prêt(e) ! Sinon... tu dois encore travailler !

Le jour de l'épreuve...

1 Comment dois-je me comporter avec l'examinateur ?

Souviens-toi que les Français n'ont pas l'habitude de dire « tu » quand ils ne connaissent pas leur interlocuteur.
Le jour de l'examen, quand tu t'adresseras à l'examinateur, mieux vaut utiliser le « vous » (➔ p. 81), plus correct, plus respectueux SAUF... si dans la scène que vous devez jouer ensemble l'examinateur a le rôle d'un ami, ou d'un membre de ta famille : alors tu dois lui dire « tu » !

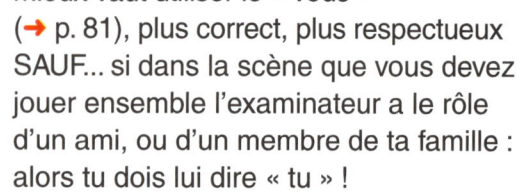

2 Comment est calculée ma note ?

L'examinateur juge...

Ce que tu dis
- Tu sais répondre aux questions, poser des questions ?
- Tu sais te faire comprendre de manière claire ?

Comment tu le dis
- Tu prononces bien le français ?
- Tu connais les principales règles de grammaire ?
- Tu emploies les mots justes ?

Examen blanc

Es-tu vraiment prêt pour l'examen ? Découvre-le dans les pages suivantes en passant un examen blanc complet.

Tu te souviens de toutes les épreuves ?

Les épreuves    Le temps disponible    Le matériel autorisé

Le jour des épreuves collectives (1h20) = Un devoir écrit

Compréhension de l'oral *Partie 1* (voir p. 7)	20'	pour **écouter** les trois enregistrements pour **répondre** au questionnaire
Compréhension des écrits *Partie 2* (voir p. 25)	30'	pour **lire** tous les documents et **répondre** au questionnaire
Expression écrite *Partie 3* (voir p. 43)	30'	pour **remplir un formulaire** et écrire des phrases simples (lettre, carte postale)

Matériel : un stylo + un crayon + une gomme pour écrire et modifier tes réponses ; un stylo pour écrire

Le jour de l'épreuve individuelle (20' environ) = Un entretien oral

Expression orale *3 parties* (voir p. 61)	10'	de **préparation** (pour les parties 2 et 3)
	5-7'	pour **l'entretien avec l'examinateur**

Matériel : un stylo pour prendre des notes

Le DELF scolaire est un examen national français. Les règles à suivre sont simples... mais doivent être respectées !

TU DOIS :)

- **Être ponctuel !** Tu devras te présenter au centre d'examen au moins **15 minutes avant le début des épreuves**. Aucun candidat ne peut être admis après que les sujets ont été distribués.
- **Présenter un document d'identité** (avec photo) qui sert à l'identification des candidats.
- **Travailler seul** : communiquer avec son voisin peut valoir l'exclusion de la salle d'examen.
- **Regarder ta montre** : il te faut le temps de recopier toutes les épreuves. Nous te conseillons de diviser le temps des épreuves écrites de manière équilibrée.

TU NE PEUX PAS...

- **Consulter des documents** (manuels, dictionnaire, notes personnelles...).
- **Utiliser des feuilles de papier personnelles** : on te donnera tout le matériel nécessaire.
- **Remettre le brouillon** de ton devoir : il faut donc penser **à recopier** !
- **Remettre ton devoir en retard** : aucune minute supplémentaire ne pourra t'être accordée.

DELF scolaire **A1**

Examen blanc

> DELF scolaire A1
> DIPLÔME D'ÉTUDES EN LANGUE FRANÇAISE
> *ÉPREUVE DE COMPRÉHENSION DE L'ORAL*
> (Partie 1-25 points)   Durée : 20 minutes environ

Répondez aux questions en cochant (X) la bonne réponse, ou en écrivant l'information demandée.

Exercice 1 *(5 points)*

🔊 Vous allez entendre un document deux fois. Vous aurez 30 secondes de pause entre les deux écoutes, puis 30 secondes pour vérifier vos réponses. Lisez d'abord les questions.

1. Où entendez-vous ce message ? *(1 point)*

   a. ☐   b. ☐   c. ☐

2. La bibliothèque est ouverte au public du lundi au .... *(2 points)*

3. Quels sont les horaires de la bibliothèque ? *(2 points)*

Le matin : de 8h30 à 13h30 **L'après-midi** : fermée	**Le matin** : de 9h à 12h30 **L'après-midi** : de 14h30 à 19h	**Le matin** : fermée **L'après-midi** : de 15h à 20h
a. ☐	b. ☐	c. ☐

Exercice 2 *(6 points)*

🔊 Vous allez entendre un document deux fois. Vous aurez 30 secondes de pause entre les deux écoutes, puis 30 secondes pour vérifier vos réponses. Lisez d'abord les questions.

1. Qui parle ? *(2 points)*
   - a. ☐ Deux amies.
   - b. ☐ Une mère et sa fille.
   - c. ☐ Deux sœurs.

Examen blanc

2. Julie cherche (2 points)
   a. ☐ sa jupe blanche.
   b. ☐ ses baskets bleues.
   c. ☐ son pull vert.

3. Elle doit aller (2 points)
   a. ☐ à un cours de danse.
   b. ☐ à un entraînement de basket.
   c. ☐ à un match de volley.

Exercice 3 (6 points)

Vous allez entendre plusieurs petits dialogues correspondant à des situations différentes. Vous aurez 15 secondes de pause après chaque dialogue. Puis, vous entendrez à nouveau les dialogues et vous pourrez compléter vos réponses. Regardez d'abord les images.

1. Associez chaque image à une situation. (1 point par réponse)

A   B   C
D   E   F

Situation n° 1 ☐   Situation n° 2 ☐   Situation n° 3 ☐
Situation n° 4 ☐   Situation n° 5 ☐   Situation n° 6 ☐

DELF scolaire **A1**

Examen blanc

Exercice 4 (8 points)

Vous allez entendre plusieurs petits dialogues correspondant à des situations différentes. Vous aurez 15 secondes de pause après chaque dialogue. Puis vous entendrez à nouveau les dialogues et vous pourrez compléter vos réponses. Lisez d'abord les questions.

1. Pour chaque situation, répondez à la question posée en mettant une croix (*X*) dans la case correspondante. *(2 points par réponse)*

Situation n° 1	Où se passe la scène ?	
	Dans un restaurant	
	Au supermarché	
	Dans une boulangerie	
	À la poste	

Situation n° 2	De quoi parlent-elles ?	
	D'un chien	
	D'un chat	
	D'un hamster	
	D'un poisson rouge	

Situation n° 3	On est quel mois ?	
	Mars	
	Juin	
	Août	
	Décembre	

Situation n° 4	Quelle est l'information demandée ?	
	Une direction	
	Un prix	
	Une date	
	Un horaire	

Examen blanc

ÉPREUVE DE COMPRÉHENSION DES ÉCRITS
(Partie 2-25 points)   Durée : 30 minutes environ

Exercice 1 *(6 points)*

> Mercredi 12 juillet
>
> Salut tout le monde !
> Un grand bonjour de Corse...
> Je suis arrivé samedi à l'aéroport d'Ajaccio et je passe des super-vacances à Propriano ! Il fait beau et je m'amuse beaucoup. Le matin, je vais à la plage et l'après-midi, je fais des visites et des excursions. Dans le camping, il y a une piscine et j'ai plein de nouveaux copains !
> Gros bisous.   Ludovic

M. Mme ....
Charlier ....
14, rue du Pic ....
24000 Périgueux ....

1. C'est un message *(1 point)*
   a. ☐ amical.   b. ☐ formel.   c. ☐ On ne sait pas.
2. Ce message est destiné à *(1 point)*
   a. ☐ une personne en particulier.
   b. ☐ plusieurs personnes.
   c. ☐ On ne sait pas.
3. Ludovic est arrivé en Corse en *(1 point)*
   a. ☐ avion.   b. ☐ bateau.   c. ☐ voiture.
4. Ludovic est arrivé *(1 point)*
   a. ☐ hier.   b. ☐ aujourd'hui.   c. ☐ la semaine précédente.
5. Quelles activités Ludovic pratique-t-il ?

   a. ☐   b. ☐   c. ☐   d. ☐   e. ☐

6. À quelle adresse ses amis peuvent-ils lui écrire ? *(1 point)*
   a. ☐ Ludovic Berthier
      Camping Sables d'or
      20110 Propriano
   b. ☐ Ludovic Berthier
      Chez Madame Corti
      20110 Propriano
   c. ☐ Ludovic Berthier
      Grand Hôtel de la Côte
      20110 Propriano

DELF scolaire **A1**   87

Examen blanc

Exercice 2 *(6 points)*

Vous êtes un nouvel élève. Vous voulez des renseignements sur les activités de votre établissement scolaire.

Groupe scolaire Molière de Reims
Clubs et activités

Culture et découverte

Théâtre	vendredi	17h-19h
Photo	jeudi	17h-19h
Musique	tlj	de 13h à 14h

Sports

Natation	Mardi (collège), jeudi (lycée)	16h-18h
Arts martiaux	Mercredi (débutants), lundi (confirmés)	17h-18h
Aérobic	tlj	de 13h à 14h

Pour s'inscrire : Bureau Vie scolaire tlj de 12h à 14h (sauf le lundi)

---

1. Au groupe scolaire Molière, on peut pratiquer *(2 points)*
   - a. ☐ seulement des activités sportives.
   - b. ☐ seulement des activités culturelles.
   - c. ☐ des activités culturelles et sportives.

2. Quel jour le bureau de la vie scolaire est-il fermé ? *(2 points)*
   ....

3. Vous n'avez jamais fait de judo mais vous voulez commencer. *(2 points)*
   Quel cours choisissez-vous ? (indiquez le jour et l'heure)
   ....

Exercice 3 *(6 points)*

**Les prévisions
22 octobre**

Soleil
Pluie
Couvert
Neige

Helsinki 5°
Moscou 8°
Londres 14°
Berlin 10°
Paris 15°
Madrid 16°
Rome 18°

88 **DELF** scolaire **A1**

Examen blanc

1. Donnez un titre à ce document. *(2 points)*
   a. ☐ La météo du jour en Europe.
   b. ☐ Paris et la banlieue.
   c. ☐ L'Union européenne.

2. Vous partez en week-end à Londres. Que mettez-vous dans votre valise ? *(2 points)*

   a. ☐   b. ☐   c. ☐

3. Vous voulez plus de renseignements. Que faites-vous ? *(2 points)*
   a. ☐ J'achète le journal.
   b. ☐ Je regarde sur Internet.
   c. ☐ On ne sait pas.

Exercice 4 *(1 point)*

Vous préparez votre fête d'anniversaire et vous trouvez quelques recettes sur Internet.

1. Recette éco
Crêpes au chocolat

Une délicieuse recette française, économique. Les crêpes, c'est bon !

2. Recette dernière minute
Flan à l'ananas

Une recette qui plaît à tous et qui se prépare très très vite !

3. Recette chic
Île flottante

Un grand classique de la cuisine française. C'est délicieux... mais un peu difficile !

4. Recette pour les nuls !
Tiramisu

Un dessert délicieux et tout simple ! Si vous ne savez pas bien cuisiner, choisissez le tiramisu !

a. Vous avez très peu de temps. Quelle recette faites-vous ? ☐ *(0,5 point)*
b. Vous ne pouvez pas dépenser beaucoup. Quelle recette faites-vous ? ☐ *(0,5 point)*

DELF scolaire **A1**   **89**

Examen blanc

Exercice 5 *(6 points)*

Voici l'agenda de Lucie. Lisez attentivement et répondez aux questions.

LUNDI	MARDI	MERCREDI	JEUDI	VENDREDI
10h-11h Prof de maths absent	Renouveler abonnement bus 17h-19h Club photo	14h30 Anniversaire Julie	12h30 Déjeuner chez grand-mère 16h Révisions avec Léo ?	10h-12h Contrôle de français 17h RDV dentiste !

1. Lucie va à l'école *(1 point)*
   a. ☐ à pied.
   b. ☐ en voiture.
   c. ☐ avec les transports en commun.

2. Quel jour Lucie devra-t-elle offrir un cadeau ? *(1 point)*
   ....

3. Quel jour Lucie a-t-elle un « trou » dans son emploi du temps ? *(1 point)*
   a. ☐ Lundi prochain.
   b. ☐ Mercredi prochain.
   c. ☐ Jeudi prochain.

4. En plus des cours, Lucie participe à des activités artistiques à l'école. *(1 point)*
   Que fait-elle ?
   ....

5. Lucie a un contrôle. *(1 point)*
   Dans quelle matière ? ....
   Avec qui peut-elle travailler pour le préparer ? ....

6. Lucie a de petits problèmes de santé. *(1 point)*
   a. ☐ Oui.
   b. ☐ Non.
   c. ☐ On ne sait pas.

Examen blanc

ÉPREUVE D'EXPRESSION ÉCRITE
(Partie 3-25 points)   Durée : 30 minutes

Exercice 1 *(10 points)*
1 point par réponse et 2 points pour la dernière question

Vous décidez de vous inscrire à un cours de judo. Complétez ce questionnaire.

Dojo du maître Tatami

Préparation aux arts martiaux (karaté, judo, aïkido, kendo)
tous niveaux

Fiche d'inscription au cours de : ☐ judo   ☐ karaté   ☐ aïkido   ☐ kendo

Nom : ....
Prénom : ....
Date de naissance : ....

Adresse complète : ....
....
Numéro de téléphone : ....

Pratiques-tu déjà un sport ? ....
Si oui, lequel ? ....
Pourquoi veux-tu apprendre un art martial ? ....
....
....

Exercice 2 *(15 points)*

Pendant les vacances, vous avez fait la connaissance d'un(e) nouvel(le) ami(e). Les vacances sont finies. Vous lui envoyez une petite lettre pour lui raconter la rentrée des classes et lui demander de ses nouvelles. (40 à 50 mots).

DELF scolaire **A1**

Examen blanc

> ## ÉPREUVE D'EXPRESSION ORALE (Partie 4-25 points)
> Préparation : 10 minutes
> Temps de passage : 5-7 minutes

L'épreuve se déroule en trois parties : un entretien dirigé, un échange d'informations et un dialogue simulé (ou jeu de rôle). Elle durera de 5 à 7 minutes.

Vous disposez en outre de 10 minutes de préparation pour les parties 2 et 3.

1. Entretien dirigé – 1ère partie   *(1 minute environ)*

Vous répondez aux questions de l'examinateur sur vous-même, vos goûts ou vos activités. (exemples : Comment vous appelez-vous ? Quelle est votre nationalité ?...)

2. Échange d'informations – 2e partie   *(2 minutes environ)*

À partir des cartes sur lesquelles figurent des mots-clés, vous posez des questions à l'examinateur.

3. Dialogue simulé (ou jeu de rôle) – 3e partie   *(2 minutes environ)*

Vous voulez obtenir un bien ou un service (acheter un objet, passer une commande...).

À partir des images que l'examinateur vous a remises, vous vous informez sur le(s) produit(s) et/ou les services et le prix avant d'acheter. Pour payer, vous disposez de pièces de monnaie, de billets et d'autres moyens de paiement.

Vous montrerez que vous êtes capable d'utiliser les formules d'accueil, de congé et les formules de politesse de base. Si vous ne connaissez pas un mot, vous essayez de trouver le moyen de faire comprendre ce que vous voulez.

- **Documents pour la 2e partie de l'épreuve.**

Grand-père ?	Vacances ?
Cinéma ?	Sport ?
Enfants ?	Langues étrangères ?
Mode ?	Ordinateur ?
Chien ?	Adresse ?
Portable ?	Journal ?

Examen blanc

- Documents pour la 3ᵉ partie de l'épreuve

Au magasin d'alimentation

À la boulangerie

DELF scolaire **A1**

Examen blanc

À la librairie

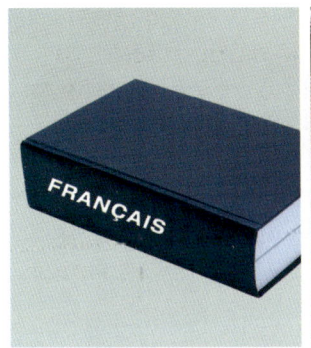

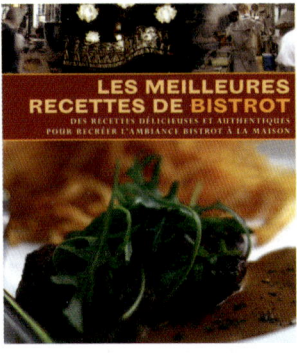

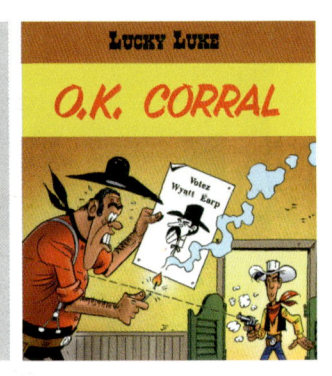

Au restaurant

À l'hôtel

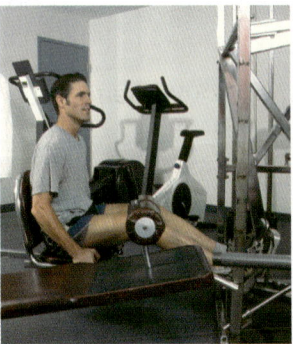

DELF scolaire A1

ABCDaire de l'examen

Barème — **Points** que tu peux obtenir quand tu fais les exercices de l'examen. Pour calculer ta note, on a besoin du barème.

Brouillon — Sur la feuille de brouillon, tu écris tes idées, les premières réponses et **tu peux corriger** : c'est un **document de travail** ! Mais avant de remettre ta copie à l'examinateur, tu dois RECOPIER. → Copie

Cocher — Mettre une croix pour indiquer ta réponse.

Compétence — Ce que tu sais faire, ce que tu es **capable de faire**. Pour le DELF, tu dois travailler **quatre compétences** : production orale et écrite, compréhension orale et écrite. → Épreuve

Consigne — Petit texte qui t'explique **ce que tu dois faire**. À lire attentivement ! **Les consignes du DELF sont à la 2° personne du pluriel** (Vous).

Copie — Le devoir que tu remets à l'examinateur à la fin de l'épreuve. La copie doit être **propre** et **claire**.

Dialogue simulé — → « Jeu de rôle »

Document — Les écrits, les enregistrements et les images utilisés dans les exercices. **Tous les documents utilisés pour le DELF sont en français.**

Écoute — Action d'écouter les enregistrements de l'épreuve de compréhension orale. Au DELF A1, tu as **deux écoutes** pour chaque document.

Enregistrement — Document audio (sur cassette ou CD) utilisé pour l'épreuve de compréhension orale.

Entretien — Dialogue avec l'examinateur (production orale).

Épreuve — **Ensemble des exercices** qui constituent une partie de l'examen, qui vérifient une **compétence**. → Compétence

Examen — Cette année tu **passes** le DELF A1. L'année prochaine, tu passes le A2 ? L'important, c'est de **réussir** l'examen !

Examinateur — Professeur de langue maternelle qui t'interroge (à l'oral) et corrige la copie. C'est lui qui te note !

Jeu de rôle — Petite scène de la vie quotidienne que tu « joues » avec l'examinateur. Chacun a un « rôle ».

Note — Ensemble des points que tu as totalisé. Pour réussir l'examen, il te faut un **minimum de 50 points**. Si tu as moins de 5 points à une épreuve, tu es éliminé.

Questionnaire — **Ensemble des questions** qui composent un exercice.

Recopier — Écrire tes réponses définitives sur une copie propre. → Brouillon

Situations — Exercices du DELF qui illustrent les **moments de la vie quotidienne** des Français. Quand tu iras en France, tu seras prêt !

Rédaction : Jimmy Bertini, Cristina Spano
Direction artistique : Nadia Maestri
Mise en page : Veronica Paganin
Dessins : Simone Massoni, Laura Scarpa
Illustration de couverture : Anna et Elena Balbusso

© 2007 Cideb Editrice, Gênes
Première édition : février 2007

Aux termes du DL 74/92 concernant la transparence dans la publicité, l'utilisation d'images ou de logos dans ce livre a un but exclusivement descriptif/didactique. Toute intention ou effet publicitaire est donc absolument exclu.

Tous droits réservés. Toute représentation ou reproduction intégrale ou partielle de la présente publication ne peut se faire sans le consentement écrit de l'éditeur.

L'éditeur reste à disposition des ayants droit qui n'ont pu être joints, malgré tous ses efforts, pour d'éventuelles omissions involontaires et/ou inexactitudes d'attribution dans les références.

Pour toute suggestion ou information, la rédaction peut être contactée à l'adresse suivante :
redaction@cideb.it
www.cideb.it

CISQ / CISQCERT
TEXTBOOKS AND TEACHING MATERIALS
The quality of the publisher's design, production and sales processes has been certified to the standard of
UNI EN ISO 9001

ISBN 978-88-530-0432-1

Imprimé en Italie par G. CANALE & C. SpA, Turin.